Pepels
Marketingforschung und Absatzprognose

4

Praxis der Unternehmensführung

Werner Pepels

Marketingforschung und Absatzprognose

Informationsgewinnung
Erhebungsmethoden
Sekundärerhebung
Primärerhebung Befragung
Primärerhebung Beobachtung
Primärerhebung Experiment
Sonderform Panel
Auswahlverfahren
Teilerhebung
Stichprobengröße
Zufallsauswahl
Bewußte Auswahl
Prognosearten
Prognosemodelle
Grenzen der Prognose

GABLER

Die Deutsche Bibliothek – CIP-Einheitsaufnahme

Pepels, Werner:
Marketingforschung und Absatzprognose / Werner Pepels. –
Wiesbaden : Gabler, 1994
(Praxis der Unternehmensführung)
ISBN 3-409-13514-6

Der Gabler Verlag ist ein Unternehmen der Bertelsmann Fachinformation.

Lektorat: Dr. Walter Nachtigall

Umschlaggestaltung: Susanne Ahlheim AGD, Weinheim
Satz: ITS Text und Satz GmbH, Herford
Druck und Bindung: Paderborner Druck Centrum, Paderborn
Printed in Germany

ISBN 3-409-13514-6

Inhalt

1 Die Marketingforschung

1.1 Die Grundlagen

Wirtschaften heißt Entscheiden. Entscheiden setzt eine Wahlsituation voraus, die immer aus mehreren Wahlobjekten, die zu bewerten sind, bestehen muß. Für diese Bewertung sind Informationen unerläßlich. Im Marketing liefert die Marketingforschung diese Informationen. Marketingforschung ist insoweit Voraussetzung für jedes ökonomische Handeln überhaupt. Ohne oder ohne ausreichende Information besteht die Gefahr, falsche Entscheidungen zu treffen. Dies gilt vor allem angesichts zunehmend komplexer Vermarktungsbedingungen. Informationen sind also eminent wichtig. Man spricht von ihnen auch als dem vierten Produktionsfaktor, neben Arbeit, Betriebsmitteln und Werkstoffen.

Marketingforschung ist daher die systematische Sammlung, Aufbereitung und Interpretation von Daten zur Erkennung und Ableitung von Informationsgrundlagen für Marketing-Entscheidungen. Marketingforschung darf nicht mit dem Begriff Marktforschung verwechselt werden. Marktforschung bezieht sich sowohl auf die externen Absatzmärkte als auch auf die Beschaffungsmärkte des Betriebs, also Größen wie Lieferanten, Beschaffungswege, Lieferfristen, Transportmittel, Einkaufsqualitäten etc., Marketingforschung jedoch nur auf die Absatzmärkte und zusätzlich intern auf die Marketingaktivitäten des Betriebs, also Absatzsegmentrechnung, Außendienstberichtswesen etc.

Im folgenden wird nur der Bereich der Marketingforschung – auch *Absatzforschung* genannt – beleuchtet. Davon abzugrenzen ist die Absatzbeobachtung (auch Markterkundung genannt), die nur ein eher zufälliges, gelegentliches Abtasten des Marktes darstellt, also nicht systematisch erfolgt.

Abbildung 1: Die Abgrenzung von Marketingforschung und Marktforschung

Marketingforschung hat eine Vielzahl wichtiger *Funktionen* im Betrieb:

- Sie sorgt dafür, daß Risiken frühzeitig erkannt und abgeschätzt werden können.
- Sie trägt dazu bei, daß Chancen und Entwicklungen aufgedeckt und antizipiert werden, bietet also Anregungen.
- Sie trägt im willensbildenden Prozeß zur Unterstützung der Betriebsführung bei.
- Sie schafft Präzisierung und Objektivierung von Sachverhalten bei der Entscheidungsfindung.
- Sie fördert das Verständnis für Zielvorgaben und Lernprozesse im Betrieb.
- Sie selektiert aus der Flut umweltbedingter Informationen die relevanten Informationen und bereitet diese auf.

- Sie hilft, Veränderungen des marketingrelevanten Umfelds abzuschätzen und Auswirkungen auf das eigene Geschäft aufzuzeigen.

Marketingforschung ist um so notwendiger, je größer und komplexer der Betrieb, je größer die Bedeutung und die objektive und/ oder subjektive Unsicherheit bezüglich der zu untersuchenden Größen für die Gesamtplanungssituation des Betriebs sind, je größer der spezielle räumliche Markt ist, je weniger flexibel die Betriebsorganisation auf eine Änderung der Rahmendaten reagieren kann, je geringer die speziellen Erfahrungen der Betriebsleitung und die persönlichen Kontakte von Mitarbeitern des Betriebs zu bedeutenden Informanten sind.

Marketingforschung tritt vielfältig in Erscheinung. Es können unterschieden werden:

- Die zu erforschenden *Umfelder,* die Mikro- und die Makroumwelt. Zur Mikroumwelt gehören vor allem Größen wie Nachfrage, Konkurrenz, Interessengruppen etc., zur Makroumwelt Größen wie Technik, Politik, Recht, Ökologie etc.

- Die betriebsinternen und betriebsexternen *Informationsquellen.* Beide Informationsquellen sind bereits gegeben, sie müssen jeweils nur aktiviert werden.

- Die demoskopischen und ökoskopischen *Informationsinhalte.* Es handelt sich um subjektiv persönliche Daten (z.B. Geschlecht, Alter, Beruf) oder um objektiv sachliche Daten (z.B. Umsatz, Marktanteil, Belegschaft).

- Die untersuchten *Leistungen.* Hier kann es sich um Konsumtiv- oder Produktivgüter und Dienstleistungen handeln. Entsprechend den Besonderheiten dieser Märkte ist die Forschung ausgerichtet.

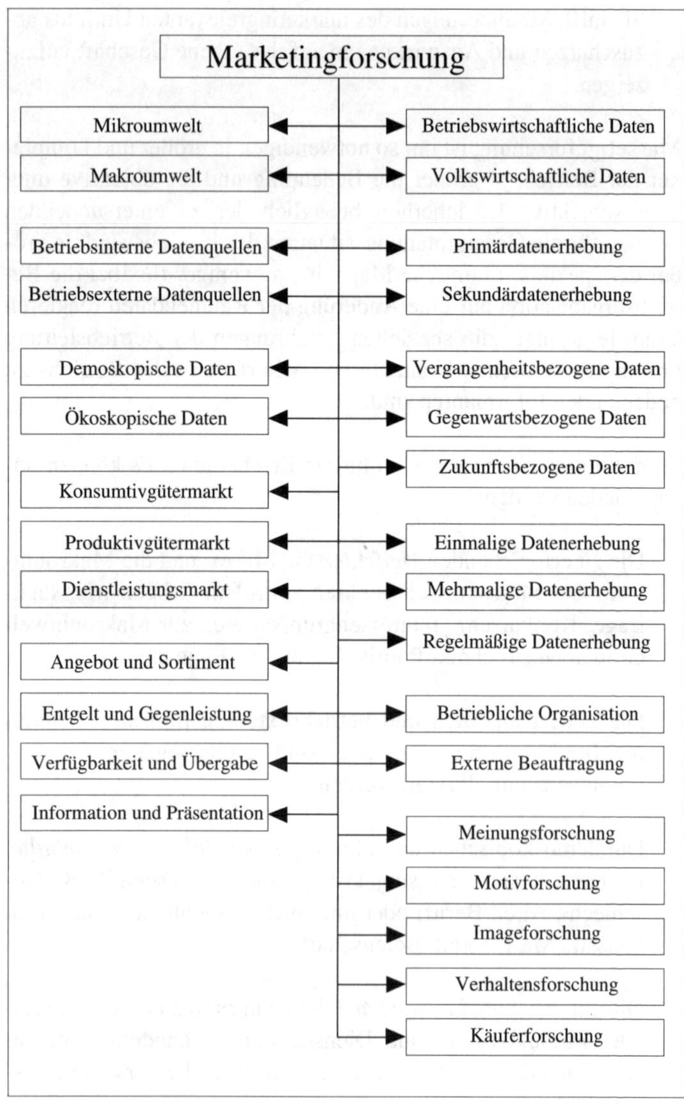

Abbildung 2: Die Marketingforschung

- Die relevanten *Marketinginstrumente.* Danach gibt es Angebots- und Sortimentsforschung, Entgelt- und Gegenleistungsforschung, Verfügbarkeits- und Übergabeforschung oder Informations- und Präsentationsforschung.

- Die *Informationsarten.* Es werden betriebswirtschaftliche oder volkswirtschaftliche Daten untersucht, also solche, die einzelbetrieblich oder überbetrieblich ausgerichtet sind.

- Die *Erhebungsformen.* Man kann danach unterscheiden, ob Daten eigens für einen spezifischen Zweck erhoben werden, dann spricht man von Primärforschung (Field research), oder ob sie bereits vorhanden sind, dann spricht man von Sekundärforschung (Desk research).

- Die *zeitlichen Dimensionen.* Es wird danach unterschieden, ob es sich um Größen handelt, die vergangenheitsbezogen, gegenwartsbezogen oder zukunftsbezogen sind. Die zukunftsbezogene Forschung nennt man auch Absatzprognose.

- Die *Häufigkeiten.* Es gibt Erhebungen, die nur einmal durchgeführt werden, und solche, die mehrmalig – meist regelmäßig – durchgeführt werden. Dabei ist noch zu beachten, ob es sich um gleiche Auskunftspersonen handelt (wie z.B. bei Panels) oder um verschiedene (wie z.B. bei Wellenerhebungen).

- Die *Träger* für Forschungsaktivitäten. Als solche kommen die eigene Organisation (die betriebliche Marketingforschung) oder Externe (die Instituts-Marktforschung) in Betracht. Häufig findet auch eine Arbeitsteilung zwischen beiden statt.

- Die jeweiligen *Gegenstände* der Marketingforschung. So können Meinungen (Meinungsforschung), Motive (Motivforschung), Images (Imageforschung), Verhaltensweisen (Verhaltensforschung), Käufer (Käuferforschung) etc. unterschieden werden.

Professionelle Marketingforschung wird immer theoriegeleitete Forschung sein, d.h. auf verfügbaren wissenschaftlichen Erkenntnisse basieren, wird interdisziplinär ausgerichtet sein, d.h. Disziplinen wie Psychologie, Soziologie, Statistik etc. einbeziehen, wird einen gesunden Schuß Pragmatismus und Seriosität, d.h. logische Plausibilität und ethische Vertretbarkeit, einbringen.

Wenn man sich nun gedanklich einem Forschungsprojekt nähert, so ist es sinnvoll, sich zunächst die Schritte auf dem Weg von der Ausgangssituation zur Zielsituation vor Augen zu führen. Professionelles Vorgehen umfaßt hier die folgenden Arbeitsphasen:

- Die *Anregungsphase*. Sie dient der Identifizierung von Informationsbedarfen und der Themenstrukturierung.

- Die *Definitionsphase*. Sie betrifft die Formulierung des Untersuchungsziels und seine Umsetzung in ein Forschungsproblem.

- Die *Forschungsphase*. Hier geht es um das Erstellen eines detaillierten Forschungskonzepts, in dem Datengewinnung, -verarbeitung und -auswertung dargelegt sind.

- Die *Datenerhebungsphase*. Sie umfaßt die Datengewinnung durch eigene Felderhebung, durch Organisation Externer (Mafo-Institute) oder durch Schreibtischrecherche (Sekundärquellen).

- Die *Aufbereitungsphase*. Sie betrifft die Dokumentation der Daten und ihre Kontrolle auf Schlüssigkeit sowie die Datenträgerverschlüsselung.

- Die *Interpretationsphase*. Sie stellt die eigentliche Denkleistung durch Analyse und Schlußfolgerung der gewonnenen Daten dar.

- Die *Kommunikationsphase.* Sie betrifft die Präsentation von Empfehlungen auf Basis der gewonnenen Daten.

In Deutschland gibt es ca. 150 ernstzunehmende Marktforschungsinstitute, die *Träger* der Fremdforschung sind.

Vorteile aus der Einschaltung Externer sind vor allem folgende:

- Keine Betriebsblindheit der Forscher und geringe Gefahr interessengefärbter Auskünfte;

- Zugang zu leistungsfähigen Erhebungsinstrumenten, die aufwendig zu installieren und zu unterhalten sind;

- höhere Objektivität durch mehr Sachverstand als Herzblut bei der Aufgabe;

- Möglichkeit des Einsatzes von Spezialisten und Nutzung von Expertenwissen;

- aktuelle Methodenkenntnis in Beschaffung, Verarbeitung und Auswertung von Informationen;

- Möglichkeit von Kosteneinsparungen (Outsourcing) oder zumindest Kostenflexibilisierungen.

Nachteile aus der Einschaltung Externer sind im wesentlichen folgende:

- Höhere Liquiditätsbelastung, gemessen an der pagatorischen Kostenrechnung;

- unsolide Auftragserfüllung, wenn man an unseriös arbeitende Institute gerät;

- Gefährdung der Geheimhaltung trotz strikter Verpflichtung zur Vertraulichkeit;

- durch mangelnde Branchenkenntnisse erforderliche Einarbeitungszeit;
- Kommunikationsprobleme, die unausweichlich sind, wenn Interne und Externe zusammenarbeiten;
- keine Wissensakkumulation über Marketingforschung im Betrieb.

Die *Auswahl* des richtigen Marktforschungsinstituts ist für den Erfolg einer wissenschaftlichen Untersuchung wichtig. Folgende Kriterien sind bedeutsam:

- Erfahrung bzw. Spezialisierung in bestimmten Märkten;
- personelle und sachliche Ausstattung, z.B. Fluktuationsrate, Unterhalt eines eigenen Interviewerstabs, EDV-Anlage;
- Mitgliedschaft in einem der Fachverbände (ADM/BVM);
- institutseigene Vorkehrungen zur Wahrung von Vertraulichkeit und Sicherung der Ergebnisqualität;
- Konkurrenzausschluß für Erhebung und Ergebnisse;
- Kontrollmöglichkeiten des Auftragsgebers bei der Durchführung;
- Referenzen anderer Auftraggeber, Beraterkompetenz, evtl. räumliche Nähe;
- Erfahrungen in bisheriger Zusammenarbeit, soweit vorhanden.

Die betriebliche Marketingforschung als Träger kann als Linien- oder Stabsstelle verankert sein. Als Linienstelle ist eine Einordnung im Rahmen der Funktions- oder Objektorganisation möglich. Innerhalb der Funktionsorganisation ist eine Anbindung an Marketing, Absatz, Vertrieb, Verkauf o.ä. sinnvoll. In der Objektorganisation ist eine Anbindung an Produkt-Management, Gebiets-Management oder Kunden-Management angebracht. In diesen Bereichen kann jeweils auch eine Anbindung als Stabsstelle vorgenommen werden. Dabei ist häufig ein Marketing-Service-Bereich anzutreffen, der meist noch Klassische Werbung, Verkaufsförderung, Direktmarketing, Öffentlichkeitsarbeit, Neue Medientechnik, Schauwerbung, Verkaufsliteratur, Geschäftsausstattung etc. umfaßt. Denkbar ist aber auch eine Anbindung im Bereich Information, Wirtschaftsinformatik, EDV oder sogar im Bereich Beschaffung oder Unternehmensführung, Auditing.

Als *Vorteile* der Eigenforschung sind im wesentlichen folgende zu nennen:

- größere Vertrautheit mit dem Forschungsproblem durch Kenntnisse im Vorfeld;
- bessere Möglichkeit der Einflußnahme und Kontrolle während des Forschungsprozesses;
- Gewinnung von Forschungserfahrungen sowie Verbleib dieser Erkenntnisse im Betrieb;
- geringeres Risiko von Indiskretionen über Internas;
- Wegfall der bei Zusammenarbeit mit Externen gegebenen Kommunikationsprobleme;
- bessere Möglichkeit, spezifische Kenntnisse der Entscheidungsträger zu nutzen.

Als *Nachteile* der Eigenforschung sind hingegen vor allem anzugeben:

- eigene Erhebung ist oft nicht möglich, wenn eine forscherische Infrastruktur erforderlich ist (z.B. Panel, Wellenerhebung, Mehrthemenbefragung);

- Gefahr der Betriebsblindheit, die oft naheliegende Problemlösungen nicht erkennen läßt;
- Self fulfilling prophecy, d.h. die Forschung erbringt merkwürdigerweise genau die Ergebnisse, die das Management schon vorher unterstellt hat;
- Fehlen von Experten und fachorientierten Mitarbeitern in der Abteilung;
- Organisation der Feldarbeit bei Primärerhebungen normalerweise nicht möglich;
- längere Bearbeitungszeiten durch Kostendruck und Kapazitätsengpässe.

In vielen Fällen ist auch eine Kombination von Eigen- und Fremdforschung sinnvoll, etwa derart, daß die Grundlagenarbeit außer Haus und die Durchführung in eigener Regie vorgenommen wird oder umgekehrt.

Als Entwicklungstendenz ist absehbar, daß Marketingforschung noch stärker als heute in das Marketing integriert wird. Es entstehen sog. Information-Manager, die sowohl den Anforderungen von Dateninput als auch Datenoutput gerecht werden. Neue, benutzerfreundliche Marketing-Informations-Systeme werden aufgrund leistungsfähigerer Forschungs-Modelle und EDV-Techniken zur Verfügung stehen. Marketingforschung wird sich immer mehr zum Informations-Management entwickeln und die verschiedenen Stellen im Betrieb mit den jeweils erforderlichen Daten versorgen. Die Zusammenarbeit zwischen Marktforschungsinstituten und betrieblicher Marketingforschung wird der Informationsnachfrage einen stärkeren Einfluß einräumen. Die neuen Kommunikationstechniken werden dazu beitragen, daß externe Datenbanken intensiver genutzt werden und dadurch das Informationsangebot im Marketing vergrößert wird. Es wird eine Informationsarmut in der Informationsflut geben, d.h. es entsteht eine unüberschaubare Datenfülle durch höhere Fallzahlen, größere Informationstiefe, kürzere Untersuchungszeiträume etc. Es kommt zu einer zunehmenden Professionalisierung der Marketingforschung. Mündliche Erhebungen werden im Vergleich zu schriftlichen Erhebungen an Bedeutung abnehmen, schriftliche Erhebungen werden gegenüber computer- und mediengestützten Erhebungen an Bedeutung verlieren.

1.2 Die Informationsgewinnung

Da Informationen so wichtig sind, ist es sinnvoll, dementsprechende Anforderungen zu definieren. Wichtige Anforderungen im Marketing betreffen gleich mehrere Aspekte.

Der *Informationsgrad* ist der Anteil der tatsächlich verfügbaren Informationen an den insgesamt vorhandenen oder notwendigen Informationen. Je höher der Informationsgrad ist, desto besser sind die Voraussetzungen der Marketingforschung. Meßgrößen sind die Vollständigkeit und Relevanz von Informationen. Die Realität der betrieblichen Entscheidung ist meist durch unvollkommene Information gekennzeichnet, d.h. der Informationsgrad ist < 1. Ziel muß es sein, einem Informationsgrad von 1 möglichst nahezukommen.

Der *Sicherheitsgrad* von Entscheidungen ist unterschiedlich zu bewerten:

- *Deterministische* Informationen sind völlig sicher. Alle in Hinblick auf die Entscheidungsfindung erforderlichen Informationen sind exakt und vollständig vorhanden. Diese Situation ist im Marketing leider so gut wie überhaupt nicht anzutreffen.

- *Objektiv-stochastische* Informationen sind immerhin statistisch berechenbar wahrscheinlich. Damit können Risiken, die vorhanden sind, rational eingegrenzt und gegeneinander abgewogen werden. Auch diese Situation ist im Marketing eher selten.

- *Subjektiv-stochastische* Informationen sind solche, die auf Erfahrung beruhen. Die darauf aufbauende Entscheidung ist schlecht strukturiert und oft wenig rational begründet. Diese Situation ist jedoch im Marketing am häufigsten anzutreffen.

- *Indeterministische* Informationen sind solche, deren Sicherheitsgrad völlig ungewiß ist. Hier liegen keinerlei Anhaltspunkte vor, die entscheidungsabstützend wirken könnten. Diese Situation ist im Marketing eher selten gegeben.

Der *Aktualitätsgrad* von Informationen ist im Marketing von besonderer Bedeutung. Informationen sind um so wertvoller, je aktueller sie sind. Aktualität ist in einer sich rapide verändernden Umwelt ein Wert an sich.

Außerdem ist die *Kosten-Nutzen-Relation* zu berücksichtigen. Informationen sind um so nützlicher, je gravierendere Folgen bei einer Fehlentscheidung ohne die relevanten Informationen vermieden werden können. Dazu ist es interessant zu erfahren, ob der Nutzen zusätzlich beschaffter Informationen höher einzuschätzen ist als die Kosten zu ihrer Beschaffung. Die Kosten sind relativ leicht einzugrenzen. Die Nutzenbewertung ist allerdings hochproblematisch. Denn wieviel Informationen wert sind, die man nicht hat, läßt sich erst beurteilen, wenn man diese Informationen besitzt. Genau darin liegt das Dilemma. Analytisch läßt sich eine Lösung im sog. Bayes-Ansatz finden. Danach liegt die Obergrenze der Beschaffungskosten zusätzlicher Informationen bei deren Erwartungswert, der sich aus Nutzenhöhe und Eintrittswahrscheinlichkeit zusammensetzt. Dies hilft zwar praktisch nicht viel weiter, zwingt jedoch dazu, sich über den Informationsgrad und seine mögliche Veränderung Klarheit zu verschaffen.

Der *Detaillierungsgrad* von Informationen ist insofern bedeutsam, als im Marketing Informationen um so wertvoller sind, je detaillierter sie auf bestimmbare Aussagen Bezug nehmen und spezifische Auswertungen zulassen.

Hinsichtlich des *Wahrheitsgehalts* von Informationen sind die Kriterien der Zuverlässigkeit, sog. Reliabilität, und der Gültigkeit, sog. Validität, von Bedeutung:

- Unter *Reliabilität* versteht man den Grad der formalen Genauigkeit, mit dem ein bestimmtes Merkmal gemessen wird, unabhängig davon, ob dieses Merkmal auch tatsächlich gemessen werden soll. Ein Meßinstrument ist unter der Voraussetzung konstanter Meßbedingungen dann reliabel, wenn die Meßwerte präzise und stabil, d.h. bei wiederholter Messung reproduzierbar sind. Z.B. kann eine Entfernung durch Augenschein gemessen werden, was wenig reliabel ist, durch Abschreiten, was mäßig reliabel ist, oder durch Maßband, was sehr reliabel ist. Dabei bleibt dann außen vor, was eigentlich genau abgemessen wird.

- Unter *Validität* versteht man die Gültigkeit einer Messung bzw. eines Meßinstruments in bezug auf charakteristische Eigenschaften des Meßobjekts. Sie gibt damit den Grad der Genauigkeit an, mit dem man tatsächlich dasjenige Merkmal mißt, das angegeben wird, gemessen zu werden. Z.B. ist eine Personenwaage ein sehr valides Instrument zur Ermittlung des Körpergewichts, zur Ermittlung der Körpergröße ist es eher mäßig valide, zur Bestimmung der Haarfarbe ist es nur wenig valide. Dabei bleibt dann außen vor, wie genau gemessen wird. Man unterscheidet weiterhin externe und interne Validität. *Externe Validität* bezieht sich auf die Übertragbarkeit spezifischer Marketingforschungsergebnisse auf andere Außenbedingungen. *Interne Validität* bezieht sich auf die Ausschaltung von Störeinflüssen auf den Untersuchungsplan und die Erhebungssituation. Beide Größen stehen in einem Spannungsverhältnis zueinander. Bemühungen um eine möglichst hohe interne Validität führen dazu, daß die Forschungsbedingungen immer künstlicher, also realitätsferner, werden. Bemühungen um eine möglichst hohe externe Validität führen dazu, daß unerwünschte Störeinflüsse kaum mehr Kausalitätsaussagen zulassen.

Objektivität von Informationen bedeutet, daß diese frei von subjektiven Einflüssen sind. Anfälligkeiten dafür bestehen sowohl bei der Durchführung als auch bei der Auswertung und bei der Interpretation in der Marketingforschung. Sofern Subjektivität offen ausgewiesen ist, z.B. in Form von Empfehlungen des Forschers an den Auftraggeber, ist dagegen auch nichts einzuwenden. Gefährlich aber sind Verzerrungen, die, ohne als subjektiv ausgewiesen zu sein, in die Ergebnisse eingehen.

Signifikanz von Informationen bedeutet, daß Ergebnisse sich nicht nur aufgrund von Zufallsmechanismen einstellen, sondern auf überzufällige Zusammenhänge zurückzuführen sind. Dies ist wichtig für die Übertragbarkeit von Aussagen von einer untersuchten Stichprobe auf die Grundgesamtheit. Grundgesamtheit ist dabei die Zahl überhaupt zur Auswahl stehender Elemente, die Stichprobe ist eine kleinere Zahl dieser Elemente, die die Grundgesamtheit möglichst vollkommen repräsentieren.

1.3 Die Erhebungsmethoden

1.3.1 Sekundärerhebung

Die Erhebung von Informationen aus bereits vorhandenem Datenmaterial wird als Sekundärforschung bezeichnet. Diese Daten können selbst- oder fremderhoben sein, können ursprünglich ähnlichen oder gänzlich anderen Zwecken gedient haben. Jedenfalls werden sie unter den speziellen Aspekten der anstehenden Fragestellung neu gesammelt, analysiert und ausgewertet. Dabei handelt es sich um sog. Back-data-Informationen, denn jede Sekundärinformation ist erst durch Primärerhebung zustande gekommen.

Sekundärerhebungen haben folgende *Vorteile*:

- deutlich geringere Kosten als bei einer Primärerhebung;
- schnellerer Zugriff auf die Daten als bei Primärmaterial;
- Ermittlung von Daten, die primär nicht zu erheben sind (z.B. gesamtwirtschaftliche Daten);
- Hilfe bei der Einarbeitung in eine neue Materie;
- Ergänzung zu Primärdaten als Abrundung des Bildes.

Nachteile sind hingegen folgende:

- Mangel an notwendiger Aktualität;
- Sicherheit und Genauigkeit der verfügbaren Daten sind zweifelhaft;
- Daten aus mehreren Erhebungen sind untereinander nicht vergleichbar;
- die zutreffende Abgrenzung der Daten ist problematisch;
- Vollständigkeit und Detailliertheit der Daten reichen oft nicht aus;
- das Auseinanderfallen von Erhebungs- und Verwendungszweck erschwert eine sinnvolle Umgruppierung und Verknüpfung der Daten;
- auch Wettbewerber haben Zugriff auf diese Informationsquelle, so daß sie keinen Vorsprung begründet.

Als Datenquellen kommen interne und externe in Betracht. *Interne Datenquellen* betreffen etwa Rechnungswesen, Produktionsstatistik, allgemeine und Kunden-Statistiken über Auftragseingang und Versand, Geschäftsart, Abnehmergruppen, Export, regionale Marktbedeutung, Qualität, Abmessungen, Reklamationen etc., Außendienstreporte, Messe- und Ausstellungsberichte, frühere Primärerhebungen, Buchhaltungs- und Vertriebskostenrechnungsunterlagen, Forschungs- und Entwicklungsnachrichten etc.

Externe Datenquellen stellen amtliche Statistiken, Veröffentlichungen von amtlichen und halbamtlichen Stellen wie Ministerien, kommunalen Verwaltungsstellen, Kfz-Bundesamt, Bundesbank, Industrie- und Handelskammern, Handwerkskammern, Körperschaften etc. dar. Aber auch nichtamtliche Veröffentlichungen von Wirtschaftsverbänden, -organisationen etc., von wirtschaftswissenschaftlichen Instituten, Universitäten, Ifo-Institut, HWWA, Institut für Weltwirtschaft, Prognos etc., Veröffentlichungen von Kreditinstituten und deren Sonderdiensten sowie von der Medienwirtschaft, vor allem in der Mediaforschung, Veröffentlichungen firmenspezifischer Art wie Geschäftsberichte, Firmenzeitungen, Kataloge, Werbemittel etc., Informationsmaterial von Adreßverlagen, Informationsmaklern, Beratungsunternehmen, internationalen Organisationen, Marktforschungsinstituten etc. gehören zu den externen Datenquellen.

Zunehmend erlangen *Datenbanken* als Informationsquellen Bedeutung. Dabei handelt es sich um EDV-mäßig organisierte betriebsinterne oder -externe Datenbestände. Zu unterscheiden sind:

- *Volltextdatenbanken*, die den kompletten Inhalt erfaßter Publikationen speichern;
- *Faktendatenbanken*, die Zusammenfassungen überbetrieblicher Datensammlungen speichern;
- *Numerische Datenbanken*, die vornehmlich statistische Daten enthalten;

- *Bibliographische Datenbanken*, die nur Quellenhinweise zu Suchwörtern enthalten.

1.3.2 Primärerhebung Befragung

Die Primärerhebung betrifft die Ermittlung originär neuer Daten und kann als Befragung, Beobachtung oder Experiment angelegt sein. Diese Formen sind jeweils wieder in zahlreichen Ausprägungen vertreten.

Die Befragung ist das am häufigsten angewandte und wichtigste Erhebungsverfahren der Primärforschung. Es gibt mehrere Befragungsmethoden. Sie lassen sich unterscheiden nach:

- dem *Standardisierungsgrad* in absteigender Folge als vollstandardisiert, strukturiert, unstrukturiert oder frei;
- der *Kommunikationsform* in mündlich, fernmündlich, schriftlich, computergestützt, mediengestützt;
- der *Art der Fragestellung* in direkt oder indirekt bzw. offen oder geschlossen;
- dem *Befragungsgegenstand* in Einthemen- (Spezial-)befragung und Mehrthemen- (Omnibus-)befragung;
- der *Befragtenanzahl* in Einzelbefragung oder Gruppenbefragung;
- dem *Befragtenkreis* in Verbraucher, Experten, Haushaltsvorstände, Mitarbeiter etc.

Diese Kriterien lassen sich beinahe beliebig miteinander kombinieren. Die im folgenden dargestellte Gruppendiskussion etwa ist ein strukturiertes, mündliches Gespräch meist zu einem Thema in einer Gruppe unterschiedlicher Zusammensetzung und einmalig angelegt.

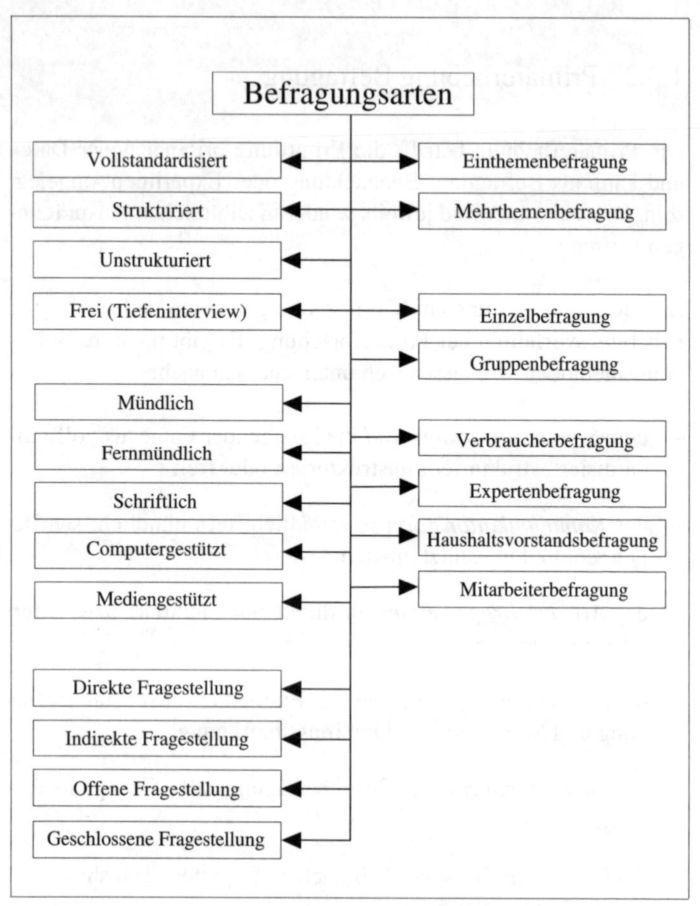

Abbildung 3: Die Befragungsarten

■ Gruppendiskussion

Die Gruppendiskussion ist eine explorative Methode der Befragung und dient oft zu Beginn eines Forschungsprojekts zur Aufklärung. Dazu diskutiert eine Fokusgruppe von 6 bis 8 Personen der Zielgruppe oder von Experten oder Mitarbeitern unter Führung eines psychologisch geschulten Diskussionsleiters bis zu max. 4 Stunden über eine vorgegebene Problemstellung, die einleitend erläutert wird. Die Gruppendiskutanten werden nun zur Stellungnahme aufgefordert. Dabei ist der Gefahr vorzubeugen, daß einzelne Teilnehmer die gesamte Meinung dominieren oder der Diskussionsleiter die Meinungsbildung beeinflußt. Ersterem kann durch Steuerung der Diskussionsbeiträge entgegengewirkt werden, letzterem durch weitgehende Standardisierung der Moderation anhand eines Diskussionsleitfadens. Die Diskussion soll die Meinungsbildung im alltäglichen, informellen Gespräch verknappt nachempfinden. Eine heterogene Gruppenzusammensetzung hilft, möglichst unterschiedliche Ansichten kennenzulernen, eine homogene Gruppenzusammensetzung hilft, gegenseitige Beeinflussungen zu erkennen. Durch gruppendynamische Prozesse und mangelnde Repräsentanz der Gruppe können die Gesprächsergebnisse zwar nicht quantifiziert werden, die Gruppendiskussion liefert jedoch hervorragende Anhaltspunkte für relevante Problemaspekte und brauchbare Hinweise auf marktliche Umsetzungen. Als Sonderfall kann eine Person in die Gruppe einbezogen werden, die gezielt auf interessierende Aspekte hinleitet oder die übrigen Personen bewußt provoziert, um die Stabilität ihrer Einstellungen und Meinungen zu testen.

Vorteile der Gruppendiskussion sind vor allem folgende:

- Die Reaktionen der Beteiligten sind unmittelbar zu beobachten.
- Intensive Beschäftigung schafft vielfältige Einsichten in Einstellungen, Wünsche, Motive etc.

- Durch Interaktion in der Gruppe entsteht eine vielschichtige Auseinandersetzung.
- Die Adaptation von Argumenten läßt sich verfolgen.
- Die Zielgruppensprache ist unmittelbar und ungefiltert zu hören.
- Vorbereitung und Durchführung lassen sich schnell arrangieren.
- Durch Aufzeichnung ist eine beliebige Wiederholbarkeit gegeben.
- Das Verfahren ist kostengünstig.
- Gruppendynamische Aspekte lassen sich berücksichtigen.

Als *Nachteile* sind allerdings zu erwähnen:

- Die Suggestibilität des Eindrucks kann zu verzerrter Wirklichkeitssicht führen.
- Die Ergebnisse sind interpretationsbedürftig.
- Das Verfahren stellt keinen Ersatz für eigene Recherche auf breiterer Basis dar.
- Repräsentanz und damit Hochrechenbarkeit auf die Zielgruppe fehlen.
- Es gibt keine Vergleichbarkeit zwischen mehreren Veranstaltungen wegen mangelnder Standardisierung.
- Die Relevanz von genannten und ungenannten Aspekten ist schwer einzuschätzen.

■ Mündliche Befragung

Das Interview ist die am weitesten verbreitete Methode der Marketingforschung. Vorsicht ist jedoch vor seiner unreflektierten Bewertung geboten. Es scheint auf den ersten Blick einfach in der Anwendung, ermöglicht die Erfassung großer, repräsentativer Stichproben und kommt der natürlichen Gesprächssituation recht nahe. Antworten auf Fragen sind jedoch höchstens mehr oder minder gute Indikatoren für Meinungen, Einstellungen, Wünsche etc. und keinesfalls identisch mit der Realität. Vor allem führen die Formulierung der Fragen und der Aufbau der Befragung zu ebenso erheblichen Verzerrungsgefahren wie situative Faktoren, die im Interview selbst begründet liegen, und externe Faktoren, die im Umfeld des Interviews liegen. Daher ist es auch hier geboten, professionell heranzugehen.

Es lassen sich mehrere Ausprägungen des mündlichen Interviews unterscheiden.

Beim *standardisierten Interview* liegt ein genau ausformulierter Fragebogen vor, der die Reihenfolge der einzelnen Fragen exakt vorgibt, ebenso jede erlaubte Erklärung. Es ist vorgegeben, ob diese Erläuterung in jedem Fall gegeben werden muß und ob weiterführende Erläuterungen gegeben werden dürfen. Der Interviewer muß sich jeglichen Kommentars enthalten, darf weder Überraschung, noch Zustimmung oder Mißbilligung zeigen. Er soll jedoch Interesse an der Meinung des Befragten bekunden.

Die *Vorteile* liegen in folgenden Aspekten:

- Es besteht eine Kontrolle über Form und Ablauf des Interviews, die eine Quantifizierung der insgesamt durchgeführten Erhebungen und damit deren Vergleichbarkeit erlaubt.

- Der Interviewereinfluß wird auf ein Mindestmaß begrenzt, da die Fragen bei sämtlichen Auskunftspersonen den gleichen Wortlaut haben und in derselben Reihenfolge gestellt werden.

- An Interviewer werden vergleichsweise geringe Anforderungen gestellt, so daß zugleich eine Interviewerüberlastung vermieden wird.

- Die Auswertung der Fragebögen ist relativ einfach zu bewerkstelligen.

Beim *strukturierten Interview* liegt ein ausformulierter Fragebogen vor, der die Reihenfolge der Fragen und deren Wortlaut vorgibt. Die Reglementierung ist jedoch nicht so streng wie beim standardisierten Interview, so daß Freiräume für das Eingehen auf Einzelfälle bestehen bleiben. Darunter leidet natürlich die Vergleichbarkeit der Befragungsergebnisse untereinander. Jedoch kann besser auf die Individualität des Befragten eingegangen werden. Dies ist wichtig zur Steigerung seiner Auskunftsfähigkeit und -willigkeit.

Beim *unstrukturierten Interview* liegt dem Interviewer nur ein Leitfaden vor, der die wichtigsten Punkte enthält, die im Interview angesprochen werden sollen. Formulierung und Reihenfolge der Fragen sind nicht festgelegt. Der Interviewer kann nach eigenem Ermessen Fragen auslassen und/oder Zusatzfragen stellen, er kann eigene Erklärungen abgeben und auf die verschiedenen Aspekte mehr oder minder tief eingehen. Damit wird die natürliche Gesprächssituation simuliert. Im Unterschied zur Gruppenexploration ist jedoch nur eine antwortende Person einbezogen, dafür wirken Schweiger und Meinungsbildner nicht ergebnisverzerrend.

Als *Nachteile* sind jedoch folgende Aspekte zu nennen:

- Gruppendynamische Prozesse unterbleiben, da nur eine Einzelperson involviert ist.

- Es ist kein Vergleich der Ergebnisse mehrerer Befragungen unterschiedlicher Personen möglich.

- Der Interviewer hat als alleinige und dominante Bezugsperson einen starken Einfluß auf den Gesprächsverlauf und -inhalt.

- Eine Auswertung ist nur durch Tonbandprotokoll oder Mitschrift durch eine zweite Person möglich, wobei beides Verzerrungsgefahren birgt.

Beim *freien Tiefeninterview* erfolgt eine psychologische, offene Exploration in kleinen Fallzahlen, bei der von der Auskunftsperson neben der Antwort die Lösung und Behandlung vorgegebener Problem- und Aufgabenstellungen verlangt wird. Deshalb steht hier nur das Thema der Befragung fest, der Ablauf des Interviews liegt jedoch vollständig beim geschulten Psychologen. Ein Tiefeninterview ist also ein besonders intensives Gespräch, bei dem aufgrund der freien Form dem Befragten erheblicher Freiraum für die Einbringung von Gedanken und Gefühlen gelassen wird. Ziel ist dabei die Gewinnung von Einblicken in die Motivstruktur der Befragten. Oft wird dieses Verfahren auch als Pilotstudie eingesetzt, wenn nur wenig anwendbare Kenntnisse vorliegen und neue Einsichten gewonnen werden sollen. Dies erlaubt die Konkretisierung, Präzisierung und Priorisierung von Tatbeständen, die dann später durch eher standardisierte Verfahren erhoben werden. Dazu sind 20 bis 30 Interviews vollauf ausreichend.

Vorteile liegen in folgenden Aspekten:

- Es kann auf die Individualität des Befragten mühelos eingegangen werden. Dadurch entsteht eine gewisse Vertrauensbeziehung zwischen Befrager und Befragtem.

- Es kommt zu einer gesteigerten Aussagewilligkeit, zu spontanen Äußerungen und vielfältigen Einsichten in die Denk-, Empfindungs- und Handlungsweise der Befragten.

Als *Nachteile* sind folgende Aspekte zu nennen:

- Es sind psychologisch geschulte Fachleute für das Interview erforderlich.
- Die Vergleichbarkeit von Aussagen aus verschiedenen Interviews ist eng begrenzt.
- Die Protokollierung der Aussagen parallel zur Führung des Interviews ist schwierig. Nachträgliche Aufzeichnungen sind unvollständig und verzerrend. Wörtliche Protokolle sind aufwendig. So kommt eigentlich nur der Tonbandmitschnitt in Betracht.
- Die Auswertung ist schwierig. Sie impliziert Deutungsspielräume.

Allen genannten Ausprägungen des mündlichen Interviews sind die im folgenden dargestellten Vorteile und Nachteile gemein. Zunächst zu den *allgemeinen Vorteilen*:

- Die Identität der Befragungsperson läßt sich mühelos feststellen. Dies ist durchaus nicht bei allen Befragungsarten so.
- Durch mehrmaliges Besuchen und durch Erläuterung des Untersuchungszwecks kann die Verweigerungsquote niedrig gehalten werden.
- Reaktionen der Probanden bei der Fragestellung können durch den Interviewer beobachtet werden. Gleiches gilt für die Umfeldeinflüsse. Insofern handelt es sich um eine in Grenzen kontrollierte Erhebungssituation.
- Bei Nichtverstehen können Rückfragen gestellt werden, bei ungewollten Mehrdeutigkeiten kann der Interviewer Erläuterungen geben.

- Visuelle Hilfsmittel wie Vorlagen, Muster, Skalen etc. können problemlos eingesetzt werden. Dadurch ist eine differenzierte Fragestellung möglich.

- Der Umfang der Befragung kann größer angelegt sein, da dem Befragten der Überblick darüber fehlt. Somit sind auch Zusatzfragen einzubeziehen.

- Sofern Ermüdungserscheinungen auftreten, kann diesen gezielt entgegengewirkt werden.

- Es ist eine genaue Steuerung der Fragenreihenfolge und der Beantwortungszeit möglich. Dies kommt unmittelbar der Vergleichbarkeit von Antworten zugute.

Als *allgemeine Nachteile* sind folgende zu nennen:

- Es ist eine relativ große Zahl von Interviewern erforderlich. Dadurch gestalten sich die Personalkosten der Erhebung recht hoch.

- Es ist eine intensive, fachkundige Schulung der Interviewer erforderlich, damit diese sich komplexen Befragungssituationen gewachsen zeigen.

- Oft sind mehrmalige Kontaktaufnahmen erforderlich, ehe eine Auskunftsperson tatsächlich erreicht werden kann.

- Interviewer können leicht einzelne Fragen oder den gesamten Fragebogen fälschen. Eine Interviewerkontrolle stößt an enge Praktikabilitätsgrenzen und ist zudem recht kostenaufwendig. So kommt es allenfalls zu Stichprobenkontrollen.

- Durch den Interviewer selbst können Verzerrungen in den Antworten der Befragten auftreten. Seine Gegenwart stört die Anonymität der Befragung und provoziert evtl. Antworten gemäß sozial erwünschtem Verhalten oder bloße Gefälligkeitsantworten.

Will man nun eine mündliche Umfrage initiieren, so ist es wichtig, einige Hinweise in bezug auf Fragearten und Fragetaktik zu berücksichtigen. Zunächst zu den *Fragearten*. Man unterscheidet hier zwei Gruppen:

Offene Fragen sind solche, die eine frei formulierte Antwort zulassen (meist sog. W-Fragen, also Was, Wer, Welche, Wann, Wo, Wie).

Geschlossene Fragen sind solche, die nur eine Antwort in vorgegebenen Kategorien zulassen. Dabei können alle denkbaren Antwortkategorien berücksichtigt sein oder auch nur ein Auszug davon, was dann allerdings erhebliche Verzerrungsgefahren impliziert. Zusätzlich können die Antwortvorgaben innerhalb der Befragung rotiert werden, um Positionseffekten vorzubeugen. Außerdem kann eine bestimmte Zahl von Nennungen vorgegeben sein, die absolut fixiert, einseitig begrenzt (mindestens/höchstens) oder zweiseitig begrenzt ist (von ... bis).

Das Erfassen der Antworten erfolgt durch wörtliche Niederschrift bei offenen Fragen, ansonsten durch Markieren der Antwortkategorie oder durch Feldbewertung des Interviewers, etwa bei Antwortverweigerung.

Vorteile offener Fragen:

- Die Auskunftsperson wird in ihrer Informationsabgabe und -bereitschaft nicht eingeschränkt und hat daher größere Entfaltungsmöglichkeiten für aussagefähige Ergebnisse.

- Die Auskunftsperson wird nicht durch vorgegebene Antwortkategorien zu einer unpassenden, falschen Antwort veranlaßt.

Dies gilt um so mehr, je komplexer und differenzierter ein Befragungsgegenstand ist.

- Antworten werden nicht durch Vorgaben „programmiert“, d.h. in eine bestimmte Richtung verzerrt.

- Es erfolgt keine Überbetonung durch überschneidende Mehrfachformulierungen einer Antwortart im Antwortkatalog.

- Der Befragungsgegenstand wird vollständig abgebildet, weil keine Gefahr besteht, daß Antwortkategorien ausgelassen werden.

Nachteile offener Fragen:

- Der Einfluß des Interviewers macht sich in vielfältiger Weise auf die Art der Antworten bemerkbar.

- Die Antworten der Auskunftspersonen hängen stark von ihrem Ausdrucksvermögen ab. Dies erfordert größere geistige Anstrengung und führt zu überlegteren Antworten oder auch zur Antwortverweigerung.

- Die Ausführungen der Auskunftsperson treffen oft nicht den Kern der Frage und schweifen in irrelevante Nebenbereiche ab.

- Bei der späteren Klassifizierung von Antworten entstehen Schwierigkeiten hinsichtlich ihrer Zuordnung. Dies induziert Fehlinterpretationen.

- Der Vergleich von Antworten untereinander gestaltet sich schwierig.

- Eine maschinelle Auswertung ist erst nach aufwendiger Codierung möglich.

- Antworten werden nur unvollständig oder verkürzt aufgezeichnet.

Geschlossene Fragen sind nur nach Vorstudien empfehlenswert, da ansonsten entscheidende Antwortaspekte mangels Kategorie verlorengehen können.

Vorteile geschlossener Fragen:

- Die Antwortvorgabe reduziert die erforderliche Denk- und Arbeitsleistung der Auskunftsperson und erleichtert damit die Antwort.
- Es sind keine besonderen Ansprüche an das Ausdrucksvermögen der Auskunftsperson zu stellen.
- Es sind keine besonderen Anforderungen an die Interviewer in Hinblick auf deren Schreib- und Aufnahmekapazitäten zu stellen.
- Eine schnelle Protokollierung der Ergebnisse ist gewährleistet.
- Bei der Auswertung ist eine Rationalisierung durch Zeit- und Kostenersparnisse erreichbar.
- Die Auswertung kann schnell und unter Einsatz technischer Hilfsmittel erfolgen.
- Die Antworten verschiedener Auskunftspersonen können problemlos miteinander verglichen werden.
- Fehlinterpretationen sind weitestgehend ausgeschlossen.

Nachteile geschlossener Fragen:

- Es besteht die Gefahr, daß einzelne Antwortalternativen unbemerkt weggelassen werden.

- Die Anzahl der zur Auswahl stehenden Alternativen ist oft nicht ausgewogen.

- Die Formulierung der Antwortalternativen ist nicht neutral gehalten, so weisen Suggestivfragen eine implizite Ja-Tendenz auf.

- Die Reihenfolge der Nennung der Antwortalternativen führt zu gegenseitiger Überstrahlung.

Dennoch spielen geschlossene Fragen die größte Rolle in jeder mündlichen Erhebung. Die genannten Nachteile können dabei durch einige Regeln gemildert werden:

Die Alternativenzahl soll nicht zu klein sein, um dem Antwortenden genügend Entfaltungsspielraum zu belassen.

Die Antwortkategorien sollen alle realistisch denkbaren Antwortmöglichkeiten abdecken. Vor allem ist es wichtig, daß die Antwortvorgaben tatsächlich zur Frage passen.

Die Antwortalternativen sollen sich möglichst in der gleichen Dimension bewegen. Sollen mehrere Dimensionen abgedeckt werden, sollen diese annähernd ausgewogen oder auf mehrere geschlossene Fragen verteilt sein.

Seltene Antwortkategorien sollen in einer Kategorie „Sonstiges" zusammengefaßt werden.

Eine offene Antwortalternative soll Raum für Antworten lassen, die durch die Vorgaben nicht abgedeckt sind.

Bei der Reihenfolge der Antwortpositionen sind Verzerrungen durch Rotation der Reihenfolge zu vermeiden.

Neben geschlossenen und offenen Fragen lassen sich auch noch *direkte* oder *indirekte Fragearten* unterscheiden. Bei direkten Fragen gibt die Auskunftsperson offenkundig und für sie erkennbar ihre eigene Meinung wieder. Die Antworten lassen direkt auf die interessierenden Sachverhalte schließen. Bei heiklen, tabuisierten und normenbeladenen Themen treten dabei allerdings oft Hemmungen auf. Dann werden indirekte Fragen eingesetzt, die sich projektiver Techniken bedienen. Die Auskunftsperson gibt dabei scheinbar nicht Auskunft über sich selbst, sondern über Dritte. Dadurch kann ihre Antwortbereitschaft und -fähigkeit gesteigert werden. Allerdings muß der Zusammenhang zwischen nachgefragtem Indiz und eigentlichem Frageobjekt eindeutig sein. Häufig angewandte Formen sind dabei folgende:

– Die interviewte Person wird als Experte befragt („Wie beurteilen Sie als Do it yourself-Experte denn die Tatsache, daß ...“).

– Es werden Satzergänzungs- oder Wortassoziationsverfahren angewendet („Welche Begriffe fallen Ihnen zur Marke X. ein?“).

– Eine dritte (fiktive) Person soll anhand ihrer Einkaufsliste charakterisiert werden.

– Bestimmte Personentypen werden bestimmten Produkten zugeordnet.

Bei der *Frageformulierung* sind die Grundsätze der Einfachheit, Eindeutigkeit und Neutralität zu beachten.

Einfachheit bedeutet, daß der Fragebogen mit einem minimalen Wortschatz auskommen sollte. Die Fragen sollen kurz und einfach gehalten sein. Dabei soll ein allgemein verständlicher Stil gefunden werden, wobei sich das sprachliche Niveau an der Umgangs- bzw. Fachsprache der jeweiligen Befragtengruppe ausrichtet. Fragen sollen Wissensstand, Bildungsniveau und Erinnerungsfähigkeit der Befragten nicht überfordern. Fremdwörter, Abkürzungen, Eigennamen etc. sind zu vermeiden oder zu erläutern.

Eindeutigkeit heißt, eine Frage soll so gestellt sein, daß sie von mehreren Befragten gleichartig verstanden werden kann. Mehrdeutigkeiten sind zu vermeiden, auch in bezug auf Orts- und Zeitangaben. Dazu bedarf es einer präzisen, semantisch eindeutigen und logisch klaren Formulierung. Es darf zu keiner Vermischung verschiedener Frageaspekte kommen.

Neutralität bedeutet, daß jede Beeinflussung der Antwort durch die Fragestellung ausgeschlossen bleiben soll. Suggestionen entstehen bereits bei unterschiedlichen Formulierungslängen von Alternativantworten, durch den Einsatz wertender Wörter, durch Ungleichheit positiver und negativer Ausprägungen der Antworten, durch Betonung in Text oder Vortrag etc.

Im Fragebogenablauf nehmen einzelne Frage bestimmte Fragefunktionen wahr. Man unterscheidet Instrumental-, Ergebnis- und Sonderfragen. Innerhalb der Instrumentalfragen sind Analytische, Ablaufordnungs- und Methodische Fragen zu unterscheiden. Innerhalb der Ergebnisfragen sind Unmittelbare und Mittelbare Präzisions- sowie Maßstabsfragen zu unterscheiden. Zu der leicht verwirrenden Vielzahl der Ausprägungen einige Erläuterungen:

Zu den *Instrumentalfragen* gehören Fragen, die keine unmittelbare Aussage über bestimmte Sachverhalte zulassen, aber für den Erfolg der Erhebung entscheidend sind.

Analytische Fragen sind solche, die den Befragungsgegenstand betreffen. Es gibt:

- *Korrelationsfragen*. Sie bilden die Grundlage für Untergruppen und Kreuztabellierungen. Dies betrifft vor allem die Soziodemographie der Befragten, die in Zusammenhang mit auswertbaren Ergebnisfragen gestellt wird.

- *Erhebungskontrollfragen*. Sie stellen die Sorgfalt der Interviewdurchführung sicher. Meist handelt es sich um Fälscherfragen.

- *Auskunftskontrollfragen*. Sie stellen Inkonsistenzen in den Antworten der Befragten fest. Die Ergebnisse der betreffenden Personen sind dann kritisch zu durchleuchten.

Ablaufordnungsfragen sind solche, die den Befragungsvorgang steuern. Zu unterscheiden sind:

- *Filterfragen*. Sie beenden die Befragung bzw. scheiden Personen aus der weiteren Befragung zu einem Thema aus. Damit werden unsinnige Fragestellungen vermieden. Z.B. richten sich Fragen zu Gartengeräten nur an Personen, von denen vorher erhoben wurde, daß sie einen Garten besitzen. Alle anderen überspringen diesen Fragenkomplex.

- *Gabelungsfragen*. Sie steuern den Ablauf, indem je nach Antwortkategorie an einer anderen Stelle im Fragebogen weitergearbeitet wird. Somit werden Untergruppen der Befragungsgesamtheit definiert und dann mit jeweils spezifischen Fragefolgen bedient. Z.B. werden gewerbliche und private Nutzer von Elektrowerkzeugen getrennt nach ihren jeweiligen Anforderungen an einen Gerätetyp befragt.

Methodische Fragen sind solche, die dem Bereich der Fragetaktik zuzurechnen sind. Man benutzt:

- *Kontaktfragen* (auch Eisbrecherfragen genannt). Sie bauen die Scheu des Befragten gegenüber dem Interview ab und schaffen günstige Voraussetzungen für einen konstruktiven Befragungsablauf. Sie dienen der Auflockerung der Atmosphäre und der Überbrückung anfänglicher Befangenheit. Den Ergebnissen kommt meist „Wegwerf"-Charakter zu.

- *Unterweisungsfragen*. Sie sichern die notwendige Grundeinstellung und sensibilisieren Auskunftspersonen für den betreffenden Gegenstand. Sie werden auch Lern- oder Trainingsfragen genannt. So kann ein Beispiel den Befragten helfen, besser zu verstehen, wie eine Frage gemeint ist.

- *Füllfragen* (auch Pufferfragen genannt). Sie grenzen Themenkomplexe innerhalb einer Befragung gegeneinander ab und verhindern so eine gegenseitige Beeinflussung dieser Komplexe durch Haloeffekte, d.h. Überstrahlungen vom vorherigen Thema auf das nachfolgende.

- *Ablenkungsfragen*. Sie sollen den eigentlichen Fragebogeninhalt verdecken.

- *Ausgleichsfragen*. Sie sind für den Teil der Befragten gedacht, die nach einer Filterfrage von einem Fragenkomplex freigestellt sind. Damit soll verhindert werden, daß Befragte lernen, welche Antworten zur Verlängerung über weitere Fragen und welche zur Verkürzung des Interviews durch Frageauslassung führen.

Die Gruppe der *Ergebnisfragen* beinhaltet solche, die unmittelbar auf bestimmte Sachverhalte und funktionelle Verknüpfungen schließen lassen.

Präzisionsfragen sind dabei solche, die Tatbestände unmittelbar durch direkte Befragung erfassen oder mittelbar durch

- *Assoziationsfragen*, die auf die mit einem Untersuchungsgegenstand verknüpften Vorstellungen abzielen oder

– *Projektionsfragen*, die die Auskunftsperson veranlassen sollen, Informationen abzugeben, die sie bei direkter Befragung nicht offenbaren kann oder will.

Maßstabsfragen sind solche, die Unterschiede zwischen verschiedenen Befragten festhalten sollen.

In der Gruppe der *Sonderfragen* gibt es mehrere Formen:

– *Vorlagenfragen*. Sie verbinden Text-, Bild- oder Originalvorlagen mit der Frageformulierung. Oft dienen sie als zusätzliche Gedächtnisstütze.

– *Vortragsfragen*. Sie werden ohne stützende Vorlagen gestellt und führen somit zu „härteren" Ergebnissen.

– *Zitatfragen*. Sie beinhalten die wörtliche Äußerung einer fiktiven oder realen Person, zu der der Befragte Stellung nehmen soll. Häufig handelt es sich um Personen des öffentlichen Lebens, deren Aussagen durch die Medien bereits bekannt sind.

– *Skalierungsfragen*. Hier werden Skalen genutzt, um Einstellungen, Beurteilungen, Meinungen oder andere verdeckte Inhalte zu messen. Ihr Ziel ist die Quantifizierung qualitativer Sachverhalte. Typische graphische Skalierungen betreffen eine vertikale Einteilung (Thermometer), größer werdende Flächen oder freundlicher werdende Gesichtsikonen. Typische verbale Skalierungen betreffen unipolare Skalen (ein Begriff mit entgegengesetzten Skalenendpunkten), bipolare Skalen (entgegengesetzte Begriffe an den Skalenendpunkten), jeweils versehen mit Abstufungen dazwischen.

– *Indikatorfragen*. Sie dienen der Operationalisierung von theoretischen Konstrukten (z.B. Motiven, Wünschen, Bedarfen) und sollen Hinweise auf das Vorhandensein und die Ausprägung dieser Konstrukte geben.

- *Dialogfragen.* Sie geben einen Gesprächsaustausch zweier fiktiver Personen wieder und fordern die Befragungsperson auf, einer von ihnen zuzustimmen. Dies wird vor allem bei komplexen Sachverhalten angewandt, die das Ausdrucksvermögen von Probanden zu überfordern drohen.

- *Personenfragen.* Sie werden für gewöhnlich am Ende des Interviews gestellt und dienen der Erfassung soziodemographischer Daten, die dann mit anderen Ergebnisse korreliert werden können.

Die *Fragetaktik* dient vor allem der motivierenden Dramaturgie des Fragebogens und soll jegliche Monotonie vermeiden. Die Auskunftswilligkeit soll durch thematische Abwechslung und Variation der Fragetechniken gesteigert werden. Auch sollen Störeffekte ausgeschaltet werden, die etwa durch Überstrahlung zustande kommen. Hilfreich ist eine einigermaßen konstante Befragungssituation, um Ungleichheiten in der Erhebung vorzubeugen.

Die Länge des Fragebogens ist abhängig von Befragungsgegenstand, erwartetem Interesse der Befragten, Interviewergeschick, erwarteter Befragungssituation und Entgeltzahlung. Letztere ist höchst umstritten, provoziert sie doch Gefälligkeitsantworten. Realistisch ist eine Dauer von 30 bis 45 Minuten je Interview, das bedeutet ca. 15 bis 25 Fragen und ca. 60 bis 90 DM Kosten pro Interview, von denen der Interviewer ca. 20 bis 25 DM erhält.

Fragetaktische Elemente betreffen die

- Themenkomposition bei Mehrthemenbefragungen, d.h. Art und Inhalt der in einer Mehrthemenbefragung eingebrachten Themen;

- Fragetypenkomposition im Befragungsablauf, d.h. Art der überhaupt eingesetzten Fragetypen im Fragebogen;

- Themensequenzen bei Mehrthemenbefragungen, d.h. Abfolge der einzelnen Themen in einem Fragebogen;

- Fragetypensequenzen im Befragungsablauf, d.h. Abfolge der einzelnen Fragetypen im Fragenbogen.

Abhilfe für Probleme kann hier gleich mehrfach geschaffen werden. So decken Vorstudien vermeidbare Fehlermöglichkeiten auf. Die Begründung für Antworten kann zur Erläuterung abgefragt werden.

Die Frageformulierung wird mit konkretem Bezug ausgestattet, damit kein sozial erwünschtes Verhalten wiedergegeben wird (also nicht: „Wie gestalten Sie normalerweise so Ihren Feierabend?", sondern: „Wie haben Sie den gestrigen Abend verbracht?").

Die Antwortvorgaben werden möglichst bestimmt formuliert, um Interpretationsspielraum zu nehmen (also nicht: „Schreinern Sie selten, gelegentlich, häufig, regelmäßig?", sondern „Schreinern Sie mehr als 10mal, 5 bis 10mal, weniger als 5mal im Monat oder überhaupt nicht?").

Es werden eindeutige Frageformulierungen verwendet (also nicht: „Welche Heimwerkergeräte besitzen Sie?", sondern: „Besitzen Sie eine Oberfräse, Stichsäge oder Schlagbohrmaschine?" bzw. „Welche Marken verwenden Sie bevorzugt bei Heimwerkergeräten?").

Bei Tabuthemen werden gezielt suggestive Formulierungen verwendet (also nicht: „Haben Sie jemals aus Geldmangel gebastelt?", sondern: „Ist es Ihnen schon einmal passiert, daß Ihnen ein Fertigteil im Laden zu teuer war und Sie stattdessen auf Do it yourself zurückgegriffen haben?").

Die *Interviewerbedeutung* für die Qualität der Befragungsergebnisse ist sehr hoch anzusetzen. Eine unerläßliche Voraussetzung ist somit die *Auswahl* hochgeeigneter Interviewer, konkrete Vorgaben für ihren Arbeitseinsatz und ihre Schulung. Hilfreiche Charaktermerkmale sind dabei Kontaktfähigkeit, ein gesundes Maß an Pedanterie, Interesse für Menschen und moralische Widerstandskraft. Interviewer müssen zur ungezwungenen Führung eines präzisen Gesprächs fähig sein. Bei der Auswahl sind Extremtypen zu vermeiden. Was als extrem gelten kann, ist abhängig von der sozialen Norm der Befragten, z.B. Alter, Klassenzugehörigkeit, Erscheinungsbild, Bildungsgrad, Auftreten und Gebaren, Sprache. Ebenso sollen wegen der Verweigerungsgefahr keine Befrager aus sozialen Randgruppen eingesetzt und persönliche Betroffenheit durch das Befragungsthema (z.B. ausländischer Interviewer zu Gastarbeiterthema) vermieden werden. Wichtig ist die Beherrschung der situativen Faktoren des Interviews und die Induzierung sozialer Interaktion zwischen Interviewer und Befragtem. Zu den situativen Faktoren gehören etwa Zeitdruck bei Interviewer oder Befragtem oder die Anwesenheit Dritter bei der Befragung. Beides soll unbedingt vermieden werden. Ausgleichend wirkt hier meist die Zufälligkeit der Erhebungsumstände. Zur sozialen Interaktion gehört die Gesprächsentwicklung, die zu Beginn ein bestimmtes Bild vom jeweils anderen vermittelt, das zu verzerrend wirkenden Vorurteilen führen kann. Ausgleichend wirken hier in gewissem Rahmen Fragetaktik und Intervieweranweisung.

Falls eine mündliche, standardisierte Befragung durchgeführt werden soll, umfaßt eine Intervieweranweisung für den *Einsatz* sinnvollerweise Vorgaben in folgenden Bereichen:

Ungefragte und exakte Ausweisung der Person, Interview nur mit fremden Personen, also keine Freunde, Bekannten, Verwandten, freundliches Auftreten und sympathische Ausstrahlung vermitteln, entspannte Durchführung des Interviews ohne Zeitdruck, wörtliches Vorlesen von Fragen und genaue Vorlage von Hilfsmitteln, genaue Einhaltung der Fragereihenfolge, dem Befragten Zeit zum Nachdenken und Antworten lassen, nicht hetzen, die Antworten immer wörtlich aufnehmen, nicht mit eigenen Worten wiedergeben, Antworten leserlich vermerken und exakt eintragen, auch unaufgeforderte Antworten zur Sache notieren, das Interview an Ort und Stelle auf Vollständigkeit und Gültigkeit überprüfen, keine Kompromisse in bezug auf die Qualität eingehen, keine Interviewbögen selbst vervollständigen, keine persönlichen Ansichten in die Befragung einbringen, immer nur ein Befragungsprojekt zu gleicher Zeit durchführen, Befragungen nicht mit anderen Tätigkeiten kombinieren, z.B. Verkauf, Beratung, keine dritten Personen mitnehmen, nicht von der vorgegebenen Stichprobenstruktur abweichen, jede Person immer nur einmal befragen, keine Fragen selbst interpretieren, bei Unverständlichkeit nochmals vorlesen und von der Auskunftsperson selbst interpretieren lassen, Interviews nicht räumlich geballt vornehmen, beim Ausfüllen sich nicht von der Befragungsperson „über die Schulter schauen" lassen, die Auskunftsperson nicht den Fragebogen und die Antworten lesen lassen.

Zur *Kontrolle* der Einhaltung dieser Anweisungen und zur Vermeidung von Fälschungen dienen folgende Maßnahmen:

- Einbau von Fangfragen in das Interview, um Widersprüchlichkeiten festzustellen, allerdings sind auch „echte" Interviews nicht frei von Widersprüchen, Quittierung des Interviews durch den Befragten, allerdings führt dies leicht zu Mißtrauen (nichts unterschreiben wollen), telefonischer Nachfaß im Anschluß an das Interview, allerdings kann dabei kaum die Vollständigkeit der Befragung nachgeprüft werden, Einstreuung gefälschter Adressen in die Erhebungsdaten, kommen von diesen Dummy-Adressen Fragebögen zurück, liegt eindeutig eine Fälschung vor, Durchführung echter Nachinterviews mit gleichartigen Fragen, allerdings ist damit ein hoher Zeit- und Geldaufwand verbunden, Auswahl motivierter Interviewer, Beschränkung deren Zeitdrucks und leistungsfördernde Honorierung, Ausschluß unzuverlässiger oder „übererfahrener" Interviewer, Beschränkung der Anzahl der Interviews je Interviewer, um etwaige Verzerrungen durch große Zahl zu neutralisieren (erfahrungsgemäß sind nur 3 Prozent der Interviews als Fälschung erkennbar, doch die Dunkelziffer liegt wesentlich höher).

Die *Qualifizierung* der Interviewer bezieht sich auf folgende Bereiche:

- Erläuterung des Erhebungsziels, ohne allerdings zu genau auf die Hintergründe der Befragung einzugehen, Erläuterung der Auswahlmethoden und evtl. der Quotenmerkmale, räumliche Abgrenzung des Arbeitsgebiets, zeitliche Abgrenzung der Erhebung, incl. Empfehlung günstiger Erhebungstage oder Tageszeiten, Art und Weise der Vorstellung, Bekanntmachung und des Gesprächseinstiegs, Art und Umfang der festzuhaltenden Beobachtungen bei Personen, Haushalten etc., Feststellung der Angaben zur befragten Person, Hinweis auf die Überwachung der Interviewertätigkeit, Modalitäten der Vergütung.

■ Telefonische Befragung

Das Interview per Telefon hat durch die weite Verbreitung von Fernsprechanschlüssen mittlerweile Repräsentanzanspruch. Die Mehrzahl der Befragungen wird denn auch bereits heute via Telefon durchgeführt, zunehmend mit Computerunterstützung.

Die wesentlichen *Vorteile* der telefonischen Befragung sind die folgenden:

- Sie ist schnell und damit kostengünstig (zumindest im Nahbereich) durchzuführen. Sie eignet sich insofern besonders für Blitzumfragen und zur Nachbefragung bei Unklarheiten, aber auch zur effektiven Interviewerkontrolle.

- Es besteht eine höhere Teilnahmebereitschaft durch Wahrung einer gewissen Anonymität seitens der Befragten. Auch ist es wahrscheinlicher, daß der Hörer abgenommen als daß die Tür geöffnet wird.

- Durch ein neutralisierendes Medium werden offenere und ehrlichere Antworten wahrscheinlich.

- Es entsteht ein geringerer Interviewereinfluß als bei mündlicher Befragung, da z.B. das äußere Erscheinungsbild des Befragers keine Rolle spielt.

- Das direkte Gespräch ermöglicht beiderseitige Rückfragen, also einen Dialog.

- Der Interviewer kann die befragte Person, den Befragungszeitpunkt und die Fragenreihefolge bestimmen. Bei Nichtzustandekommen einer Verbindung entstehen keine Wegekosten und keine Zeitverluste.

- Auch können mehrere Versuche der Kontaktaufnahme erfolgen, ohne daß die Kosten wesentlich steigen.

- Es reichen vergleichsweise wenige Interviewer aus, so daß ein hohes Maß an Wirtschaftlichkeit im Personalbereich erreicht wird.

- Es wird eine Aufzeichnung von Gesprächen machbar, die eine intensivere Auswertung und Kontrolle ermöglichen.

- Außerdem ist nur auf diese Weise ein nahezu einheitlicher Erhebungsstichtag realisierbar.

Wesentliche *Nachteile* der telefonischen Befragung betreffen hingegen folgende Aspekte:

- Sie ist begrenzt in der Dauer des Interviews und damit in der Anzahl abzufragender Inhalte. Durch die Distanz wird Unmut schneller ausgedrückt, weil die Hemmschwelle sinkt.

- Die Anonymität führt auch zu einer leichteren Antwortverweigerung, vor allem bei tabuisierten Themen. Daher ist die Fragethematik eingeschränkt. Dies kann auch zu Interviewabbruch etwa bei Belästigung oder Überforderung führen.

- Es sind keine unterstützenden Abbildungen, Skalierungen etc. einsetzbar. Visuelle Hilfsmittel fördern aber entscheidend die Aufklärung von Informationen.

- Als Kommunikationsmittel dient nur der Ton, genauer die Stimme, non-verbale Reaktionsindikatoren können nicht registriert werden. Diese belegen jedoch die geäußerte Meinung überzeugend.

- Situative Einflüsse, wie Anwesenheit Dritter, häusliche Verhältnisse etc., sind nicht feststellbar. Damit können auch entsprechende Einwirkungen weder neutralisiert noch überhaupt registriert werden.

- Eine eindeutige Legitimation des Interviewers ist nicht möglich. Damit bleiben Zweifel an der Seriosität der Untersuchung auf Seiten des Befragten bestehen.

- In Einzelfällen ist die Gesamtheit der Telefonbesitzer nicht repräsentativ für die Grundgesamtheit, etwa nicht bei Studenten, Einwohnern in den neuen Bundesländern etc.

- Das Auswahlmaterial ist nicht vollständig und aktuell. So fehlen oft die Eintragungen von Neuanschlüssen bzw. die Löschung von Altanschlüssen. Einige Telefonnummern hingegen sind doppelt aufgelistet (z.B. geschäftlich und privat, Doppelnamen, Erst- und Zweitwohnung), andere gar nicht (Geheimnummer).

- Die zunehmende Verbreitung von Telefonanrufbeantwortern im privaten Bereich behindert zudem die Kontaktaufnahme.

■ Schriftliche Befragung

Die schriftliche Befragung bedient sich wie die mündliche verbaler Statements als Stimuli, um Stellungnahmen zu erzeugen.

Vorteile liegen dabei in folgenden Aspekten:

- Es entstehen vergleichsweise geringe Kosten, da ein erheblicher Zeitaufwand bei geographisch weit verstreuten Erhebungseinheiten vermieden werden kann. Insofern spielt die räumliche Entfernung keine Rolle (z.B. Auslandsmarktforschung).

- Die Verzerrungsmöglichkeit durch Interviewereinfluß entfällt.

- Die Zustellung der Fragebögen erhöht die Erreichbarkeit der Auskunftspersonen. So können auch schwer erreichbare Personen, die ansonsten leicht als Stichprobeneinheiten ausfallen, kontaktiert werden.

- Die befragten Personen haben genügend Zeit, die einzelnen Fragen zu beantworten. Die Auskunft wird damit überlegter und genauer, was meist im Sinne des Auftraggebers ist. Bei Zeitmangel kann die Bearbeitung unterbrochen und zu einem späteren Zeitpunkt wieder aufgenommen werden.

- Die Zusicherung der Anonymität der Auskunftspersonen steigert deren Auskunftsbereitschaft.

Nachteile liegen hingegen in folgenden Aspekten:

- Unvollkommenheiten im Fragebogen, die ein Interviewer ausgleichen darf, können nicht korrigiert werden. Fehlinterpretationen durch falsch verstandene Sachverhalte führen so zu unkontrollierten Falschantworten.

- Außerdem beschränkt sich der Gegenstand der Befragung auf einfache, klare und leicht verständliche Sachverhalte. Nicht verstandene Sachverhalte können nicht aufgeklärt werden und führen so zu Ausfällen. Dadurch ist die Repräsentativität gefährdet.

- Die Reihenfolge der Beantwortung der Fragen ist nicht kontrollierbar. Von daher können auch keine Kontrollfragen gestellt werden.

- Umgekehrt sind Fragen, deren Beantwortung von anderen Fragen abhängig ist, nur schwerlich einzusetzen. Dadurch ist die Fragebogentaktik stark eingeschränkt.

- Es fehlt an Stimuli zur Erhöhung der Auskunftsbereitschaft. Dazu ist allenfalls das Fragebogenlayout in begrenztem Maße in der Lage.

- Ebenso fehlt die Beobachtung von Reaktionen der Probanden beim Ausfüllen des Fragebogens (z.B. in Form von Spontanreaktionen) sowie die Registrierung von Umfeldeinflüssen. Dabei ist vor allem die mögliche Anwesenheit Dritter nicht kontrollierbar.

- Evtl. wird der Fragebogen nicht von der Zielperson, sondern von Dritten oder zumindest gemeinsam mit diesen, ausgefüllt. Damit ist die Repräsentanz der Antworten nicht mehr gegeben. Es entsteht ein Identitätsproblem.

- Allgemein werden überlegtere Antworten gegeben, damit ist ein höherer kognitiver Anteil verbunden, der zu Verzerrungen gegenüber der Realität, die eher durch affektive Einschätzungen geprägt ist, führt.

- Sofern in einer Voranfrage die Bereitschaft zur Teilnahme an einer schriftlichen Befragung abgeklärt wurde, besteht die Gefahr systematischer Fehler, wenn zu vermuten ist, daß reagierende und nicht-reagierende Personen sich in bezug auf die zu untersuchenden Merkmale systematisch unterscheiden.

- Der Umfang des Fragebogens ist begrenzt, da eine unmittelbare Konfrontation mit dem gesamten Fragenumfang stattfindet.
- Es können keine verschleiernden Zielsetzungen angestrebt werden, da der gesamte Fragebogen genutzt wird.
- Das Adreßmaterial kann unvollständig sein und allein schon dadurch eine Einschränkung der Grundgesamtheit darstellen.
- Der Zeitpunkt der Beantwortung eines Fragebogens kann meist weder bestimmt werden noch ist er einheitlich. Dies ist bei stichtagsbezogenen Erhebungen sehr hinderlich.

Trotz dieser Probleme ist die schriftliche Befragung eine wichtige Form der Primärforschung. Daher ist der Praxis daran gelegen, ihre Nachteile abzumildern. Dies geschieht durch sorgfältige Gestaltung des Fragebogens, eine klare Strukturierung mit leichten Einstiegsfragen, einfachem Fragenablauf und ansprechender optischer Aufbereitung. Besonderes Augenmerk gilt dabei der Steigerung der *Rücklaufquote*, die bestenfalls 15 bis 40 Prozent beträgt, regelmäßig aber weit darunter liegt. Gründe für *Rücklaufprobleme* bestehen darin, daß

- der Fragebogen abwesende, verreiste, verzogene, verstorbene Adressaten erst gar nicht erreicht;
- die Erhebungsunterlagen mit unverlangt zugesandten Werbesendungen verwechselt werden;
- die Auskunftsperson nur gering involviert ist (Desinteresse, Mißtrauen, Bequemlichkeit);

- die Auskunftsperson antwortunfähig ist (geistig behindert, sprachunkundig etc.);
- die Auskunftsperson sich als Nichtbetroffene bzw. Nichtzuständige ansieht;
- ein weitverbreitetes Mißtrauen gegen personenbezogene Informationsabgabe, gerade auch aus Gründen des Datenschutzes, besteht;
- Zeitmangel vorliegt oder vorgeschoben wird;
- in der Befragung Tabubereiche angesprochen werden;
- der formale Aufbau des Fragebogens und die Gestaltung der Fragen einen erhöhten Schwierigkeitsgrad vermuten lassen;
- Befragungsunterlagen verlorengehen oder verlegt werden;
- der Ergebniseintrag aufgeschoben und schließlich vergessen bzw. das Abgabedatum überschritten wird.

Möglichkeiten zur *Rücklaufverbesserung* sind etwa folgende:

- glaubwürdige und neutrale Berichte über das entsprechende Forschungsvorhaben;
- handgeschriebene Zusätze, die von Individualität zeugen;
- Zugabe positiv wirkender Fotos über das Projekt;
- Versand trotz Kostenvorteil nicht als Drucksache, da damit eine Aussonderungsgefahr bereits im Posteingang besteht;
- Versand an postschwachen Tagen (montags), nicht zu Streßzeiten (Jahresende) oder in der Ferienzeit;
- Sonderbriefmarken verwenden;

- Nachfaßaktion über Telefon oder schriftlicher Nachfaß als Reminder, auch mehrmalig;
- evtl. nochmaliger Versand des gleichen Fragebogens mit geändertem Anschreiben;
- „Androhung“ eines Interviewerbesuchs, falls Beantwortung nicht erfolgt;
- Setzung einer relativ knappen Deadline zur Rücksendung (problematisch bei Überschreiten der Deadline);
- telefonische oder schriftliche Vorankündigung und Angabe einer Kontakttelefonnummer zur Rückfrage bei Unklarheiten;
- Begleitschreiben mit persönlicher Anrede (Zusicherung der Anonymität, Vorausdank, Erklärung des Befragungszwecks), evtl. von einer „Autorität“ verfaßt;
- ansprechende Fragebogengestaltung;
- freigemachten Rückumschlag beifügen oder einen Gebühr-bezahlt-Empfänger-Vermerk anbringen;
- Rückempfänger genau angeben, möglichst durch Eindruck;
- Kopplung mit kleinen Geschenken oder Gewinnanreizen (allerdings umstritten);
- Zusage der Ergebnisberichterstattung als Feedback;
- Kombination mit Garantiekartenrücksendung oder Produktbeilage bei Käufern.

Die Halbwertzeit des Rücklaufs beträgt erfahrungsgemäß 10 bis 14 Tage, d.h. bis dahin ist etwa die Hälfte des überhaupt zu erwartenden Rücklaufs erfolgt.

Computergestützte Befragung

Die Computergestützte Befragung kann in mehreren Versionen stattfinden. Als *Bildschirmbefragung* bezeichnet man eine Form, bei der der Fragebogen durch ein PC-Display ersetzt wird und der Eintrag durch eine PC-Tastatur erfolgt. Dabei liest ein Interviewer Fragen vom Bildschirm ab und tippt die Antworten der Auskunftsperson über ein alphanumerisches Keyboard ein. Weiter sind zahlreiche Verfeinerungen denkbar. So ist neben Sprachausgabe der Fragen auch Spracheingabe der Antworten möglich. Der Interviewer kann mehreren Personen im Teststudio eine Frage vortragen und diese geben ihre Antworten parallel selbst an PC´s ein. Auch können die Antwortalternativen auf eine vorgetragene Frage als Strichcodes auf einem Vordruck ausgewiesen sein, die mit einem Lesestift abgetastet und dadurch eingegeben werden.

Als *Computerbefragung* bezeichnet man eine Form, bei der der Interviewer durch einen PC ersetzt wird. Auskunftspersonen lesen die Fragen also auf dem PC-Display ab und geben ihre Antworten selbst über die Tastatur ein. Auch hier sind zahlreiche Verfeinerungen denkbar. So können Arbeitsplätze derart vernetzt sein, daß ein Zentral-Computer die Fragen ausgibt und mehrere Personen dezentral (an einem oder mehreren Orten), aber parallel ihre Antworten eingeben. Die Antworterfassung kann auf einem Datenträger erfolgen, der dann eingesendet oder überspielt wird (off line), oder über eine Datenleitung (on line), also Datex-P-Wähl- oder Standleitung.

Diesen Formen dürfte die Zukunft gehören. Sie bieten eine Reihe von *Vorteilen*:

- Auch komplizierte und komplexe Befragungsformen sind leicht zu handhaben, längere Befragungszeiten werden möglich. Es können offene Fragen eingesetzt werden, dadurch kann das Anspruchsniveau insgesamt höher angesetzt werden.

- Eine relativ schnelle Datenverarbeitung mit automatischer, integrierter Auswertung der Ergebnisse und Zentralkoordination ist gegeben (z.B. Prüfung der Quoteneinhaltung, Abbruch bei Ergebnisstabilisierung).

- Signifikanzkriterien können bei entsprechender Anlage laufend beachtet werden.

- Die Kosten für eine manuelle Übertragung der Daten entfallen. Insgesamt können die Kosten reduziert werden.

- Dabei ist die Datenerfassung zugleich sicherer, da Übertragungsfehler bei der Codierung entfallen.

- Es werden insgesamt weniger Interviewer benötigt. Der Interviewer-Bias wird minimiert. Bei der Beantwortung herrscht weitgehend autonome Entscheidungsfreiheit.

- Es ist ein mobiler Einsatz darstellbar (Laptop).

- Parallel können weitere Testsysteme über Daten-Bus angeschlossen werden, dadurch ist eine hohe Aussageeffizienz darstellbar.

- Die Fragen- und Antwortkategorien können randomisiert werden, um Reihenfolgeeffekte auszuschließen.

- Der Spieltrieb bzw. der Spaß an der Bedienung elektronischer Geräte wird gefördert.

- Fragen können in sämtlichen Sprachen dargeboten werden.

- Die Auskunftsperson kann bei entsprechender Anlage die Befragungsgeschwindigkeit selbst bestimmen.

- Die Zulässigkeit von Antworten kann sofort überprüft und gegebenenfalls Fehlermeldung gegeben werden.

- Die Antwortzeit auf einzelne Fragen läßt sich ermitteln, wodurch Rückschlüsse zur Interpretation der Ergebnisse möglich sind.

Dem stehen allerdings auch *Nachteile* gegenüber:

- Es entstehen relativ hohe Investitionskosten (allerdings im Zeitablauf sinkend).

- Es ist eine intensive Interviewerschulung erforderlich, um dort, wo gegeben, eine kompetente, persönliche Betreuung zu ermöglichen.

- Die Geräte sind empfindlich in Transport und Einsatz.

- Eine komplexe Datenübertragungskoordination ist erforderlich.

- Bisher ist nur wenig Software verfügbar. Daher entsteht für jeden Fragebogen ein hoher Programmieraufwand (bessert sich im Zeitablauf).

- Es besteht keine Möglichkeit des Nachfragens bei Fragen, die nicht verstanden wurden (evt. Help-Menüs).

- Die bisher durchgeführten Untersuchungen sind noch nicht hinreichend valide, d.h. durch Vergleich mit herkömmlichen Befragungen gesichert (bessert sich im Zeitablauf).

- Die Vorlage von Bildern, Skalen etc. ist eingeschränkt. Für Bewegtbild-Darstellung ist die Kopplung an ein CD-Laufwerk erforderlich, was das Handling erschwert und die Kosten erhöht.

- Die Beantwortung erfolgt teils unter weitgehend unkontrollierten Bedingungen. Vor allem entsteht ein Identitätsproblem bei der Befragung.

- Die Komplexität der Befragung ruft Antwortschwierigkeiten bei weniger versierten Personen hervor. Die Repräsentanz ist daher noch auf lange Zeit hin eingeschränkt.

- Die Bearbeitung differenzierter Themen ist begrenzt. Bei Unverständnis oder Zeitproblemen kommt es zum Befragungsabbruch. Außerdem sind psychologische Konflikte (Akzeptanzproblematik) unvermeidlich.

- Bei offenen Fragen entsteht ein hoher Eingabeaufwand, wobei die wenigsten des „Zehn-Finger-Schreibsystems" mächtig sind, daher sind weitgehend wohl doch nur geschlossene Fragen anwendbar.

- Durch geringe Darstellungsgröße besteht bei Sehproblemen reduzierte Lesbarkeit.

■ Mediengestützte Befragung

Die Mediengestützte Befragung kann in mehreren Versionen stattfinden. Das *Computergestützte Telefon-Interviewsystem (CATI)* ist eine Sonderform der telefonischen Befragung. Dabei liest der Interviewer die Fragen von einem Bildschirm ab und gibt die Antworten der Auskunftsperson über eine alphanumerische Tastatur in einen PC ein. Der Computer übernimmt danach die Steuerung des Ablaufs der Befragung bzw. zuvor die Anzeige der Telefonnummer oder die automatische Anwahl der Anschlüsse. Nicht erreichte Personen werden entweder vermerkt oder neu angezeigt/angewählt. Abgebrochene Interviews werden gespeichert und zu einer vereinbarten Fortsetzungszeit aufgerufen/neu angewählt. Unzulässige Antworteingaben werden reklamiert, Verzweigungen im Fragenablauf in Abhängigkeit von Antworten automatisch eingeschlagen.

Die *Bildschirmtext-Befragung* nutzt Datex-J als interaktives Kommunikationsmedium, das über Telefonnetz, Modem und ASCII-Zeichenstandard arbeitet. Endgeräte sind Keyboard, Bildschirm oder Drucker, gegebenenfalls Diskette oder Festplatte eines PC. Als Host fungiert ein zentrales Computersystem der Telekom, in das Anbieter Nachrichten eingeben können, die seitenweise abrufbar sind, oder das ein Durchschleifen auf dezentrale Computersysteme erlaubt (sog. externer Rechnerverbund) und somit die beliebige Nutzung eines Datenverarbeitungsnetzwerkes ermöglicht, mit dem jedermann Nachrichten absenden, ablegen, abrufen und empfangen kann. Datenbestände sind in Geschlossenen Benutzergruppen durch Passwords hierarchisch schützbar. Nutzer rufen Fragen auf dem Bildschirm auf, geben ihre Antworten über Tastatur ein und überspielen diese on-line oder, nach Zwischenspeicherung auf Datenträger, off-line an Veranstalter.

Schließlich ist auch *Interaktives Fernsehen* für Befragungen nutzbar. Voraussetzung ist allerdings eine Breitbandverkabelung, die die Möglichkeit der Integration eines schmalbandigen Rückkanals bietet. Dadurch können Sendezentrale oder, nach Durchschleifen, Veranstalter mit Fernsehnutzern in Dialog treten. So werden in das laufende Programm Abfragen eingebaut oder gesonderte Frageprogramme ausgestrahlt, auf die eine Stichprobe von Zuschauern durch Betätigung der Fernbedienung in begrenztem Maße antworten kann. Diese Daten werden dann über Rückkanal übermittelt und stehen zur Auswertung oder Reaktion zur Verfügung.

Die *Vorteile* der Mediengestützten Befragung sind vor allem folgende:

- Es ist eine schnelle Durchführung von Befragungen möglich.

- Das Adressenmaterial ist über entsprechende Verzeichnisse leicht zugänglich.

- Die Stichprobe kann relativ exakt ausgeschöpft werden, indem Personen automatisch angewählt und ihr Anschluß bei Nichterreichung zwischengespeichert wird.

- Der Untersuchungsleiter kann jederzeit den Befragungsablauf durch Aufschalten auf die Verbindung kontrollieren.

Als *Nachteile* sind hingegen folgende zu nennen:

- Eine effiziente Untersuchung bringt relativ hohe Investitionskosten.

- Es besteht nur ein eingeschränkter Anwendungsbereich (Datex-J-Modem, ISDN-Anschluß).

- Fragethematiken können nur begrenzt (bis gar nicht) durch Bilder, Karten, Produktmuster etc. unterlegt werden.

- Mit steigender Interviewdauer steigt die Abbruchgefahr, die durch die Anonymität der Befragung erhöht wird.

■ Sonderform Omnibus

Eine Omnibusbefragung ist eine Mehrthemenbefragung, d.h. in einem Erhebungszyklus werden mehrere Themen, meist von verschiedenen Auftraggebern, abgefragt. Sie steht damit im Gegensatz zur Spezialbefragung, die nur ein Thema beinhaltet. Oft werden solche Omnibusse turnusmäßig selbständig von Instituten „abgefahren", wobei die Ergebnisse nachher potentiellen Interessenten zur Verwertung angeboten werden. Es kann sich aber auch um individuell zusammengestellte Themenkomplexe handeln (sog. Beteiligungsuntersuchung) oder um ein einheitliches Fragegerüst, das durch auftraggeberspezifische Sonderfragen ergänzt wird (sog.

Eingliederungsuntersuchung). Die wesentlichen *Vorteile* liegen darin, daß die Abwicklung durch die weitgehende Standardisierung der Befragungsanlage wesentlich beschleunigt wird und eine schnelle und unkomplizierte Organisation erlaubt. Außerdem entsteht ein Kostenvorteil, da sich die technischen Kosten auf mehrere Beteiligte verteilen (man kann von einem Faktor 50 gegenüber der Einthemenbefragung ausgehen). Damit steht auch Klein- und Mittelbetrieben die Chance zu einer repräsentativen Massenbefragung offen. Der Untersuchungsablauf kann abwechslungsreicher gestaltet werden. Daraus folgt eine erhöhte Auskunftsbereitschaft. Außerdem werden Lerneffekte wie bei Spezialisierung auf ein Thema gemindert.

Nachteile sind darin zu sehen, daß die Anzahl der Fragen je Themenbereich beschränkt und abhängig von der gesamten Fragebogenlänge und der Anzahl der Teilnehmer an der Befragung ist. Außerdem dürfen keine Themenbereiche kombiniert werden, die gegenseitige Beeinflussung vermuten lassen. Allerdings können verschiedene Fragenkomplexe durch Pufferfragen getrennt werden. Auch im Timing ist man an den Erhebungsturnus des Omnibusses gebunden.

Wesentliche Aspekte, die man bei der Durchführung jeder Art von Befragung beachten muß, sind natürlich Timing und Costing. Der *Zeitablauf* der Befragungsplanung stellt sich folgendermaßen dar: Abstimmung der Untersuchungskonzeption mit Arbeitshypothesen; Ausarbeitung des Auswahlverfahrens, des Fragebogens, sonstiger Befragungsunterlagen und der Interviewerinstruktion; Durchführung des Auswahlverfahrens und einer Pilotstudie; Auswahl der einzusetzenden Interviewer; Interviewerinstruktion anhand der Ergebnisse eines Pretests; Entwurf des Interviewerbeauftragungsschreibens; Produktion der Fragebögen, sonstiger Befragungsunterlagen und der Interviewerinstruktion; Übergabe der Unterlagen an die Interviewer; Interviewdurchführung im Feld; Auswertung der zurückkommenden Fragebögen und Ausfallmeldung; Aufstellung von Antwortlisten; Interviewerkontrolle; Installation des Auswertungsprogramms; Erstellung des Codeplans; Verschlüsselung der Fragebögen; Übertragung der Daten auf Datenträger; Probezählung, Endauszählung und Abrechnung.

Der *Kostenablauf* stellt sich wie folgt dar: Administrationskosten und Gehälter; Verbrauchsmaterialien; Druckkosten für Fragebögen, Anschreiben etc.; Portokosten für Versand der Fragebögen, Intervieweranweisung etc.; Telefonkosten für Befragung, Recherche etc.; Reisekosten, Interviewertraining und -überwachung; Datenverarbeitungskosten und Interviewerhonorare.

1.3.3 Primärerhebung Beobachtung

Eine weitere Form der Primärerhebung neben der Befragung ist die Beobachtung. Man unterscheidet die naive Beobachtung, die eher unsystematisch, planlos und ohne klar erkennbares Erkenntnisziel bleibt, sie ist unprofessionell zu nennen, und die wissenschaftliche Beobachtung, die einen genau umschriebenen Untersuchungsbereich betrifft, ein planmäßiges Vorgehen zeigt und ein bestimmtes Erkenntnisziel verfolgt. Es können verschiedene Varianten unterschieden werden.

Hinsichtlich des *Standardisierungsgrads* lassen sich Beobachtungen unterscheiden, die nur Sachverhalte erfassen, die in angegebene Kategorien fallen, also z.B. Vornehmen eines Preisvergleichs am Regal, und solche, die vom Beobachter subjektiv ausgewählte Kategorien erfassen, also z.B. erkennbarer Ablauf einer Kaufentscheidung.

Nach dem *Beobachtungssubjekt* kann zwischen Fremdbeobachtung und Selbstbeobachtung unterschieden werden. Erstere untersucht Vorgänge, die außerhalb der Person des Beobachters liegen, also z.B. Verweildauer vor dem Schaufenster, letztere untersucht

Vorgänge, die die eigene Person betreffen, also z.B. Wahrnehmung und Einfluß von POS-Werbemitteln.

Nach der *Beobachtungsform* kann zwischen persönlicher und unpersönlicher (apparativer) Beobachtung unterschieden werden. Erstere erfolgt durch die Person des Beobachters selbst. Letztere bedient sich technischer Hilfsmittel, die intrapersonale oder interpersonale Tatbestände aufzeichnen und speichern, um Art, Dauer und Intensität von Reaktionen und das Erfassen seelischer Erregungszustände zu kategorisieren. Dabei handelt es sich um Audio-, Video-, Foto-Ausrüstungen oder spezielle Apparaturen, die allerdings in ihrer Anwendung sehr umstritten sind. Zudem gibt es rechtliche Restriktionen, wonach es unzulässig ist, unbefugt ein Bild von einem anderen anzufertigen, und das nicht öffentlich gesprochene Wort unbefugt aufzunehmen, zu verwenden oder weiterzugeben.

Nach der *Teilnahme des Beobachters* unterscheidet man die teilnehmende und die nicht-teilnehmende Beobachtung. Bei der teilnehmenden Beobachtung bewegt sich der Beobachter auf einer Ebene mit den beobachteten Vorgängen. Eine aktive Teilnahme liegt vor, wenn der Beobachter auf die am Beobachtungsort zur Beobachtungszeit stattfindenden Abläufe Einfluß nimmt (damit ist allerdings die Gefahr der Verzerrung durch die Interaktion des Beobachters gegeben), eine passive Teilnahme, wenn der Beobachter zwar am Ort und zur Zeit der stattfindenden Abläufe anwesend ist, auf diese aber keinerlei Einfluß ausübt.

Nach dem *Bewußtseinsgrad* der Beobachtung lassen sich unterscheiden:

- offene, durchschaubare Situationen, in der der Proband von der Beobachtung und dem Untersuchungszweck weiß;

- nicht-durchschaubare Situationen, bei denen der Proband zwar vom Untersuchungszweck weiß, nicht jedoch von der Tatsache der aktuellen Beobachtung;

- quasi-biotische Situationen, bei denen der Proband zwar von der Beobachtung weiß, nicht jedoch vom Untersuchungszweck, ihm wird also eine falsche Zielsetzung der Beobachtung angegeben;

- biotische Situationen, bei denen der Proband weder um die Beobachtung noch um den Untersuchungszweck weiß, diese Form zeitigt meist die besten Ergebnisse, ist aber am schwierigsten herzustellen.

Nach der *Beobachtungsumgebung* unterscheidet man Feld- und Laborbeobachtung. Bei der Feldbeobachtung erfolgt die Aufzeichnung der Vorgänge und Verhaltensweisen in der gewohnten, natürlichen Umgebung des Probanden, bei der Laborbeobachtung erfolgt die Erfassung in einer künstlich geschaffenen Situation. Daraus resultieren dann meist verzerrende Beobachtungseffekte.

Bekannte Beobachtungsverfahren sind:

- Zählverfahren, z.B. bei Passantenströmen für die Standortanalyse im Handel;

- Kundenlaufstudien über die Konfrontation von Personen mit angebotenen Waren;

- Einkaufsverhaltensbeobachtungen in Hinblick auf Kauf- und Nichtkaufentscheidungen;

- Verwendungsbeobachtungen, die Teil- oder Vor- und Nachbereitungshandlungen in Zusammenhang mit der Produktverwendung betreffen, z.B. bei Handhabungstests.

Vorteile der Beobachtung liegen in folgenden Aspekten:

- Geschehnisse können während ihres spontanen Vollzugs beobachtet und gleichzeitig können dabei die spezifischen Umweltsituationen aufgenommen werden. Von daher wird deutlich, in welchem Kontext sich bestimmte Beobachtungen ergeben.

- Die Beobachtung ist zudem unabhängig von der Auskunftsbereitschaft der Versuchspersonen. Damit lassen sich selbst ohne Zustimmung Auskünfte erheben, weil die beobachtete Person entweder nicht um die Beobachtung weiß oder ihre ablehnende Haltung nicht durch ein völlig anderes Verhalten äußern kann. So treten Sachverhalte zutage, die ihr selbst nicht bewußt sind.

- Es entsteht (bei verdeckter Beobachtung) kein Erhebungseinfluß auf Ergebnisse. Dadurch ist eine große Verzerrungsquelle ausgemerzt, die etwa bei Befragungen gegeben ist. Zu denken ist nur an tabuisierte Sachverhalte.

- Beobachtungen lassen sich unabhängig vom Ausdrucksvermögen des Beobachters und der beobachteten Person durchführen. Damit können z.B. Sprachbarrieren problemlos überwunden werden.

- Beobachtungen können andere Erhebungsmethoden ergänzen oder verifizieren. Damit kommt es zu einer Kontrolle deren Ergebnisse oder zu einer zusätzlichen Datenermittlung.

- Auch non-verbale Äußerungen (Gestik, Mimik etc.) können erfaßt werden. Diese sind oft sogar aussagefähiger als verbale Äußerungen, da sie ehrlicher sind.

- Es lassen sich Sachverhalte erheben, die sich auf mehrere Personen beziehen oder die der beobachteten Person nicht bewußt sind.

Nachteile der Beobachtung liegen hingegen in folgenden Aspekten:

- Es treten Beobachtungseffekte auf, die aus dem Wissen um die Erhebung entstehen.

- Die Erfassung subjektiver Sachverhalte wie Einstellungen, Meinungen, Präferenzen, Kaufabsichten und anderer innerer Vorgänge, ist kaum möglich, da diese durch bloße Inaugenscheinnahme nicht festzustellen sind. Diesen Mangel können auch apparative Hilfsmittel nicht heilen.

- Die beobachteten Merkmale sind unterschiedlich interpretierbar. So kann ein und dasselbe Verhalten in mehrere Richtungen gedeutet werden und führt damit zu mehrwertigen Ergebnissen. Hilfreich ist ein standardisiertes Erfassungssystem (sog. Notationssystem).

- Die Beobachtungskapazität von Personen ist, vor allem bei komplexen Sachverhalten, beschränkt, da nur vergleichsweise wenige Merkmale zugleich erfaßt werden können. Daher ist Arbeitsteilung erforderlich.

- Die Beobachtungsmerkmale sind in der durch die Beobachtungssituation gegebenen zeitlichen Reihenfolge determiniert und können nicht anders angeordnet werden.

- Die Beobachtung muß im Zeitpunkt des Geschehens erfolgen. Dies ist vor allem mißlich, wenn es sich um selten eintretende Phänomene handelt, die eine lange Zeit der Inaktivität bedingen.

- Eine identische Beobachtungssituation ist nicht wiederholbar. Damit sind auch Ergebnisse mehrerer Beobachtungen untereinander nicht ohne weiteres vergleichbar.

- Repräsentanz ist bei der Beobachtung nur schwierig herbeizuführen, da man auf die Personen angewiesen ist, die in der Beobachtungssituation agieren.

1.3.4 Primärerhebung Experiment

Unter Experiment versteht man eine wiederholbare, unter kontrollierten, vorher festgelegten Umweltbedingungen durchgeführte Versuchsanordnung, die es mit Hilfe der Wirkungsmessung eines oder mehrerer unabhängiger Faktoren auf die jeweilige abhängige Variable gestattet, aufgestellte Kausalhypothesen empirisch zu überprüfen. Beim Experiment handelt es sich nicht um ein eigenständiges Erhebungsverfahren, sondern um eine bestimmte Ausprägung experimenteller Befragung und experimenteller Beobachtung. Die Variablen jedes Experiments sind folgende:

- Testelemente, an denen Experimente ausgeführt werden sollen (z.B. Produkte, Läden, Kunden);
- unabhängige Variable, deren Einfluß gemessen werden soll (z.B. Marke, Packung, Preis);
- abhängige Variable, an denen die Wirkung gemessen werden soll (z.B. Umsatz, Marktanteil, Einstellung);
- kontrollierte Variable, die direkt beeinflußbar sind, deren Einfluß aber nicht untersucht wird und die daher konstant gehalten werden müssen (z.B. Werbeaufwand, Placierung, Qualität);
- Störgrößen, die nicht direkt beeinflußbar sind, aber daneben Einfluß auf die abhängige Variable nehmen (z.B. Konjunktur, Konkurrenz, Kaufkraft).

Es können verschiedene Ausprägungen von Experimenten unterschieden werden. Nach dem *Umfeld* gibt es Feldexperimente, die in einer natürlichen Umgebung stattfinden, und Laborexperimente, die in künstlicher, speziell für das Experiment geschaffener Umgebung erfolgen. Der Vorteil des Feldexperiments liegt in seiner Realitätsnähe, sein Nachteil in der beschränkten Möglichkeit zur Überprüfung und Kontrolle alternativer Variabler durch den Einfluß von Störgrößen. Beim Laborexperiment ist dies genau umgekehrt.

Nach dem *Zeiteinsatz* können projektive Experimente, bei denen Veränderungen experimentalbegleitend auf ihre Kausalität hin untersucht werden, und Ex-post-facto-Experimente unterschieden werden, bei denen Kausalitäten erst im nachhinein abgeleitet werden. Projektive Experimente konfrontieren also Personen mit der durch experimentelle Bedingungen geschaffenen Situation. Ex-post-facto-Experimente beruhen auf unabhängigen Variablen, die bereits in der Vergangenheit aufgetreten sind, während abhängige Variable erst in der Gegenwart gemessen werden.

Nach der *Durchführung* lassen sich informale und formale Experimente unterscheiden. Informale Experimente nehmen eine zeitliche Differenzbetrachtung bei der Experimental- (und evtl. noch Kontroll-)Gruppe vor, indem diese vor dem Experimenteinsatz und danach gemessen wird (werden). Dementsprechend ergeben sich aus Kombinationen Testdesigns. Formale Experimente differenzieren die abhängige Variable nach ihren Einflußgrößen verursachungsgerecht. Dazu werden bekannte Störgrößen einbezogen und in der Versuchsanlage berücksichtigt. Ziel ist die verursachungsgerechte Aufspaltung der Ergebnisstreuung in Einflüsse von Störgrößen, Zufälligkeiten und der eigentlich interessierenden unabhängigen Variablen.

Voraussetzungen für Experimente sind:

- Repräsentanz, d.h. die Ergebnisse müssen sich von der Experimentalgruppe auf die Grundgesamtheit übertragen lassen;

- Isolierbarkeit von Außeneinflüssen bzw. wo dies nicht möglich ist, Kontrolle dieser Außeneinflüsse (sog. Störgrößen);

- Meßbarkeit von Wirkungen durch geeignete Erfassungsinstrumente.

Grenzen des Experiments ergeben sich durch die praktische Beschränkung auf die Messung kurzfristiger Wirkungen, durch die schwierige Kontrolle möglicher Störgrößen bei umfangreichen Experimentaldesigns und durch die nur unzureichende Nachempfindbarkeit der Komplexität der Marktrealität.

Die häufigste Form der Durchführung von Experimenten im Marketing bezieht sich auf die Wirkung der Marketinginstrumente. Dies wird Test genannt. Dabei können verschiedene Testformen unterschieden werden:

- Nach dem *Zeitpunkt* relativ zur Marktwirksamwerdung kann es sich um einen Pretest, also vor Marktpräsenz (z.B. Schaltung einer neuen Werbekampagne), oder um einen Posttest handeln, also nach Marktpräsenz.

- Nach der *Anzahl* der untersuchten Objekte kann es sich um einen Einzeltest (nur ein Produkt) oder Vergleichstest handeln (zwei und mehr Produkte).

- Nach dem *Umfang* der Beurteilung von Objekten handelt es sich um einen Test zur Untersuchung der Gesamtleistung oder einzelner Teilleistungen (wie Farbe, Form, Gewicht etc.).

- Nach der *Art* der Versuchspersonen kann es sich um Experten, Zielpersonen, aktuelle Kunden oder Interessenten handeln.

- Nach der *Identifizierbarkeit* des untersuchten Objekts handelt es sich um einen Blindtest, bei dem das Untersuchungsobjekt anonym bleibt, oder um einen Brandingtest, bei dem es als Marke ausgewiesen ist.

- Nach dem *Testablauf* handelt es sich um einen monadischen Test, bei dem die Untersuchungsobjekte einzeln beurteilt werden, um einen alternierenden Test, bei dem sie meist paarweise abwechselnd beurteilt werden, oder um einen simultanen Test, bei dem sie gleichzeitig beurteilt werden.

- Nach dem *Zeitraum* handelt es sich um eine Prüfung des Eindrucks (Kurzzeittest) oder der Erfahrung (Langzeittest). Ersterer erfolgt meist im Teststudio, auch mobil, letzterer meist im Haushalt der Probanden.

- Nach dem *Ergebnis* können folgende Größen unterschieden werden: Beim Präferenztest werden Bevorzugungsurteile über Objekte im Vergleich abgegeben, beim Deskriptionstest werden Ausprägungen beschrieben, oft im Vergleich zu einem gedachten Idealobjekt, beim Akzeptanztest werden Kaufabsichten abgefragt, beim Diskriminationstest werden wahrgenommene Unterschiede zwischen Objekten angegeben, beim Evaluationstest werden einzelne oder alle Eigenschaften bewertet.

Am häufigsten angewendete Tests sind:

- *Konzepttests*, die die Überprüfung der Anmutungs- und Verwendungseigenschaften von Produkten mit dem Ziel testen, zu klären, ob die Produktleistung gegenüber dem Abnehmer bestehen kann.

- *Kommunikationstests*, die die Werbewirkung von Maßnahmen testen, um eine Werbewirkungs- und Werbeerfolgsprognose und -kontrolle zu ermöglichen.

- *Markttests*, die den probeweisen Verkauf von Produkten auf einem räumlich mehr oder minder abgegrenzten Markt mit dem

Ziel der Gewinnung von Erkenntnissen über die mutmaßliche Marktgängigkeit eines Produkts bzw. die Wirksamkeit von Marketingmaßnahmen vor deren großflächiger Einführung testen.

1.3.5 Sonderform Panel

Unter Panelerhebungen versteht man Untersuchungen, die bei einem bestimmten, gleichbleibenden Kreis von Untersuchungseinheiten, z.B. Personen, Haushalte, Handelsgeschäfte, Unternehmen, in regelmäßigen zeitlichen Abständen wiederholt zum gleichen Untersuchungsgegenstand vorgenommen werden. Das Panel stellt damit eine Längsschnittanalyse in der Zeit dar. Das Kriterium des gleichbleibenden Personenkreises darf allerdings nicht zu eng ausgelegt werden. Ausfälle und Grundgesamtheitsveränderungen haben kontinuierliche Anpassungen in der Stichprobe zur Folge, so daß nach einem Jahr nur noch rund 80 Prozent der ursprünglichen Teilnehmer unverändert dabei sind. Gleiches gilt für das Kriterium des gleichen Erhebungsgegenstands. Denn Veränderungen im Marktangebot führen dabei zwangsläufig zu Veränderungen im Zeitablauf.

Je schneller sich die Untersuchungsgegenstände in dynamischen Märkten wandeln, desto notwendiger wird eine laufende Beobachtung der eingetretenen Veränderungen. Da dieses Phänomen typisch für modernes Marketing ist, hat auch die Bedeutung von Panels in den letzten Jahren zugenommen. Aufgrund der meist erheblichen organisatorischen Vorkehrungen und des hohen Kosteneinsatzes werden sie von großen Marktforschungsinstituten getragen. Der Verkauf der jeweils aktuellen Daten an beliebig viele Auftraggeber ist für diese Institute eine stetige Einnahmequelle.

Ein Panel muß laufend kontrolliert und betreut werden. Für die Qualität der Daten sind der Grad der Repräsentanz, die Genauigkeit der Erhebung bzw. Bearbeitung und die Schnelligkeit der Auswertung ausschlaggebend. Die Untersuchungsintervalle richten sich nach der Marktdynamik und den Erhebungskosten. Gleiches gilt für die Stichprobengröße.

Panels lassen sich nach verschiedenen Kriterien unterscheiden, nach der zu untersuchenden *Warengruppe* wird zwischen Gebrauchsgüter- und Verbrauchsgüter-Panels differenziert. Gebrauchsgüter (wie Heimwerkergeräte etc.) werden infolge der größeren Anschaffungsintervalle nur in längeren Zeitabschnitten abgefragt. Verbrauchsgüter (wie Kleber, Lacke etc.) müssen hingegen wegen des begrenzten Erinnerungsvermögens der Abnehmer in kurzen Zeitabständen erhoben werden.

Die Panels lassen sich auch nach der *Art* der Untersuchungseinheiten unterscheiden:

- *Unternehmenspanels* sind in der Gesamtwirtschaft und nach Branchen angelegt. Sie erfassen allgemein betriebswirtschaftliche Daten wie Auftragseingang, Umsatzentwicklung, Investitionsvolumen etc. (oft auf gesetzlicher Basis erhoben).

- *Handelspanels* erfolgen im Absatzkanal auf Einzelhandels- oder Großhandelsstufe. Sie haben in neuerer Zeit durch den Einsatz von Scanning am POS (Point of sale) an Bedeutung gewonnen.

- *Verbraucherpanels* werden aus Endabnehmern gebildet. Sie setzen auf Einzelpersonenebene (sog. Individualpanels) oder auf Haushaltsebene (sog. Haushaltspanels) an. Ersteres bietet sich an, wenn Informationen erhoben werden sollen, die unmittelbar nur das einzelne Haushaltsmitglied betreffen, letzteres, wenn die Beschaffung von haushaltsbezogenen Daten gewünscht ist.

Das *Verbraucherpanel* erhebt quantitative Bedarfe und qualitative Einstellungen individuell und aggregiert, jeweils für Ge- und Verbrauchsgüter. Die Erfassung erfolgt durch Haushaltsbuchführung (oder neuerdings durch Einscannen über Home scanner anhand der EAN-Codes auf eingekauften Produkten). Die Genauigkeit der dabei gewonnenen Informationen hängt von den Eintragungen ab. Da die Erinnerung eine große Rolle spielt, werden die Eintragungen meist wöchentlich abgefragt. Die Auswahl der Teilnehmer gehorcht der Repräsentanzanforderung. Die Meldebögen werden, incl. sonstiger Unterlagen wie Rückumschlag, Gratifikation etc., vor jedem Berichtstermin verteilt. Die Auswertung der Ergebnisse erfolgt durch Übertragung der Daten aus den zurückgesandten Berichtsbögen auf EDV-Datenträger. Formale Fehler werden dabei korrigiert, wobei im Zweifel beim Panelhaushalt rückgefragt wird, logische Fehler werden durch Prüfprogramme identifiziert.

Die Angaben betreffen im einzelnen Größen wie Packung, Preis, Einkaufsstätte, Einkaufsort, Einkaufsanlaß, Einkaufsperson, Anzahl der Käufe, Menge/Wert pro Kopf je Produktart und Marke, Erstkäufer/Wiederholungskäufer, Kauffrequenz, Marktanteile nach Menge/Wert für die eigene und für konkurrierende Marken, Nichtkäufer, räumliche Abweichungen, Einkaufstage, Einkaufsdatum, Markentreue, Käuferwanderung, Sonderangaben wie Mediennutzung, soziodemographische Daten etc. Diese Angaben werden zu Standardauswertungen und Sonderauswertungen verarbeitet.

Allerdings hat das Verbraucherpanel auch mit zahlreichen *Problemen* zu kämpfen. Dies betrifft zunächst die *Panelsterblichkeit*. Darunter versteht man das Ausscheiden von Teilnehmern aus dem Panel infolge Fluktuation oder Ermüdung. Fluktuation ist durch Geburt, Todesfall, Heirat, Umzug etc. verursacht. Ermüdung führt zur Verweigerung der weiteren Teilnahme. Es kommt zur sog. *Panelroutine*, d.h. Einkaufsberichte werden nicht mehr tagesgenau ausgefüllt, nur noch oberflächlich durchdacht und sind damit ungenau und unvollständig. Durch beide Probleme kommt es zu Verzerrungen der Repräsentanz, die über die gesamte Laufzeit des Panels bestehen bleiben. Daher wird jedes Panel mit Reserve gefahren, d.h. es wird zusätzlich ein Personenkreis, der nach bewußter Auswahl die jeweils ausscheidenden Panelteilnehmer ersetzt, in genau gleicher Weise erhoben, deren Daten Lücken in der auswertungsrelevanten Panelbasismasse, die nach dem Zufallsprinzip ausgewählt wird, füllt. Das Zufalls-Panel wird damit jedoch sukzessive zu einem Quotenmodell umgewandelt. Weitere Probleme entstehen durch das weitgehende Fehlen von Ausländer-Haushalten (mangelnde deutsche Sprach- und Schreibkenntnisse) und Anstaltshaushalten (Kantinen etc.).

Dann gibt es den *Paneleffekt*. Darunter versteht man die Veränderung des Kaufverhaltens unter dem Eindruck der Erfassung. Dies führt zu Lern- und Bewußtseinsprozessen, die ein Abweichen vom normalen, unbeobachteten Verhalten bewirken. Allein die Veranlassung zu kontinuierlichen Berichten führt dazu, daß der Einkauf in den Bewußtseinsvordergrund tritt. Evtl. kommt dem Berichtsbogen mit der Aufführung verschiedener Warengruppen sogar ein Aufforderungscharakter für Probierkäufe zu. Vor allem kommt es dabei zu zwei Effekten. Als *Overreporting* werden angegebene Käufe bezeichnet, die tatsächlich nicht getätigt worden sind. Ausschlaggebend dafür können die soziale Erwünschtheit solcher Käufe (z.B. Körperpflegeprodukte) oder auch Prestigegründe sein (z.B. demonstrativer Konsum). Als *Underreporting* werden nicht angegebene Käufe bezeichnet, die tatsächlich getätigt worden sind. Die Nichtangabe kann auf bewußtem Verschweigen (z.B. Tabuprodukte) oder einfachem Vergessen beruhen (z.B. Einkäufe auf Reisen oder während der Berufsausübung).

Durch drei Ansätze wird versucht, diesen Problemen entgegenzuwirken. Durch *Panelrotation* erfolgt periodisch ein gewollter Austausch der Teilnehmer. Pro Jahr fluktuieren so ca. 10 Prozent der Panelteilnehmer künstlich. Allerdings führt dies zur Panelerstarrung, d.h. die soziodemographischen Merkmale des Panels entsprechen insgesamt immer weniger der Grundgesamtheit und erfüllen damit nicht mehr die Voraussetzungen der Repräsentanz. Durch *Gratifikation* sollen Belohnungen und Anreize zur motivierten Mitarbeit gegeben werden (z.B. Entlohnung je Bericht). Allerdings können dadurch Verhaltensänderungen herbeigeführt werden, etwa durch das Gefühl der Dankbarkeit oder durch vermehrte Kaufkraft. Besser sind daher immaterielle Zuwendungen (z.B. Verlosungsteilnahme). Schließlich kann auch eine „*Anlernphase*" vorgesehen werden, in der Hoffnung, daß sich die geschilderten verzerrenden Effekte währenddessen legen. Insofern wird auf ein Wiedereinkehren des Alltagstrotts nach einer mehr oder minder langen Bewußtseinsphase gesetzt. Erst danach werden die Ergebnisse wirklich verwertet.

Handelspanels sollen die Entwicklung von Warenbewegungen und Lagerbeständen der einbezogenen Handelsgeschäfte ermitteln. Diese verpflichten sich gegenüber den durchführenden Marktforschungsinstituten vertraglich zur Mitarbeit, was die Zulassung einer periodischen (zweimonatlichen) Bestandszählung am Handelsplatz und den Einblick in Liefereingangspapiere impliziert. Als Gegenleistung werden den zugehörigen Handelsketten der Panelläden Marktinformationen zur Verfügung gestellt und Erhebungsgebühren gezahlt.

Die *Ermittlung* erfolgt durch physische Inventur, d.h. Ermittlung des Warenbestands am Periodenanfang, Ermittlung des Warenbestands am Periodenende (wobei dies zugleich der Anfang der nachfolgenden Periode ist) und Ermittlung der Einkäufe des Handels während der Periodenlaufzeit. Der Warenbestand wird dabei sehr differenziert bis hin zu Einzelartikeln ermittelt. Die Bestände werden durch Zählen der im Geschäft vorrätigen Waren, unterteilt nach Zweit- und/oder Sonder-, Regal-, Lager- und Kassenplacierungen erfaßt. Die Einkäufe ergeben sich gemäß den vorgelegten Lieferscheinen und Rechnungen. Die Verkaufspreise werden durch Augenschein und EDV-Auszug erfaßt. Gelistet werden diese Werte für alle Einheiten der untersuchten Warengruppen, also Produkte, Marken, Packungsgrößen, Duftnoten, Farben, Geschmacksrichtungen etc. Darüber hinaus werden Sondererhebungen vorgenommen für verwendetes Displaymaterial, Aktionsteilnahme, Außendienstbesuche der Hersteller, Lagerflächen- und Regalflächenaufteilung, Produktfrischedaten etc.

Die *Erfassung* erfolgt entweder über maschinenlesbare Vordrucke (Aktiv-Formsätze), die alle im betreffenden Geschäft beim letzten Besuch vorgefundenen Produkte enthalten und in normierter Schrift ausgefüllt werden, oder über mobile Datenerfassungsgeräte (MDE), die den in Listen den Produkten zugeordneten Strichcode lesen und deren Daten um Menge, Preis und Sonderangaben ergänzt werden. Diese Angaben werden auf Datenträger gespeichert und per Leitung überspielt oder physisch ausgetauscht. Neu ins Sortiment aufgenommene Artikel werden auf den Listen hinzugefügt.

Problematisch ist, daß die *Erhebung* der Stichprobengeschäfte nicht genau im Zweimonatsrhythmus erfolgen kann. Dadurch kommt es zu Verschiebungen in den Erhebungsdaten. Daher werden die Mengen künstlich auf einen durchschnittlichen Erhebungsstichtag umgerechnet. Dies geschieht, indem der Idealabstand (61 Tage) durch den tatsächlichen Abstand dividiert wird. Die erhobenen Daten werden dann entsprechend aufgewichtet, wenn der tatsächliche unter dem idealen Zeitabstand liegt und umgekehrt. Allerdings sind darin Verzerrungsmöglichkeiten begründet, zumal auch der Preis stichtagsbezogen ist.

Die *Stichprobe* der erhobenen Händler ist geschichtet und disproportional nach Quotaverfahren zusammengesetzt. Quotierungsmerkmale sind Standort, Betriebstyp, Organisationsform, Verkaufsfläche und Umsatz. Diese Quoten stehen für eine Reihe nicht-quotierbarer Kriterien wie Sortimentsinhalt, Kundenart etc., zu denen ein enger Zusammenhang unterstellt wird. Im übrigen wird durch die Quotierung der hohen Verweigerungsrate zum Mitmachen vorgebeugt. Die Disproportionalität rührt aus der erheblichen Diskrepanz zwischen Anzahl der Handelsbetriebe (Numerik) und deren Umsatzbedeutung (Gewichtung). Umsatzstarke Handelsoutlets sind überproportional häufig vertreten, ihre Ergebnisse werden bei der Auswertung entsprechend abgewichtet.

Handelspanels gibt es für Verbrauchsgüter wie Food/Non food im Lebensmitteleinzelhandel, im Fachhandel bei Gesundheits-/Körperpflegeprodukten, Süßwaren, Spirituosen, Tabakwaren, Bastel-/Heimwerkerbedarf, Papier-/Schreibwaren, Gartenartikel, Arzneimitteln, Reformhauswaren, in der Gastronomie etc. Bei Gebrauchsgütern gibt es Handelspanels u.a. für Haushaltsgeräte, Fotoartikel, Elektrokleingeräte, Sportartikel, Spielwaren, Unterhaltungselektronik, Glas/Porzellan/Keramik, Kfz-Zubehör, Büromaschinen, Heimwerkergeräte etc. Beides vollzieht sich sowohl auf Einzelhandels- als auch auf Großhandelsebene.

Die *Berichterstattung* bei Auftraggebern erfolgt in schriftlicher und mündlicher Form, außerdem durch Datenträgeraustausch (Diskette), über Datenfernübertragung und durch Einrichtung einer zentralen Datenbank im Institut, wo vom Auftraggeber auf geschützte Datenbestände durch Stand- oder Wählleitung zurückgegriffen werden kann. Alle Daten werden ca. vier Wochen nach Erhebung persönlich präsentiert und in einem Berichtsband dokumentiert.

Ein Problem stellt die *Marktabdeckung* (Coverage) von Panels dar, d.h. die oft mangelnde Repräsentanz der in das Panel einbezogenen Untersuchungseinheiten für die Grundgesamtheit, über die Aussagen getroffen werden sollen. Dies gilt sowohl für nicht erfaßte Verkäufe (z.B. Beziehungshandel) als auch für nicht erfaßte Geschäfte (z.B. Impulshandel, Aldi, Schlecker, Heimdienste). Auch Wanderungsbewegungen der Käufer zwischen verschiedenen Panelstichproben können kaum erfaßt werden.

Die gewonnenen *Daten* beziehen sich auf Größen wie numerische/gewichtete Distribution, führende/nicht bevorratete Distribution, einkaufende/verkaufende Distribution, Endabnehmerabsatz/-umsatz, Einkäufe/Lagerbestände, Lagerumschlagsgeschwindigkeit, durchschnittlicher Monatsabsatz/Lagerbestand, Marktanteile je Geschäft, Exclusiv-/Paralleldistribution, Zweitplacierung, Verkaufshilfeneinsatz, Bezugswege, Organisations- und Kooperationsformen, Verkaufsflächengrößenklassen, regionale Verteilung, Aktionserfolg, Ortsgrößenklasse, Sonderauswertungen etc. Die Auswertung kostet den Auftraggeber, meist Hersteller, ca. 100.000 DM pro Jahr und Warengruppe.

Zukünftig werden *Scanner-Panels* an Bedeutung gewinnen. Dabei werden Daten aus Geschäften, deren Check out mit Scanner-Kassen versehen ist, direkt aus dem System abgerufen. Dadurch fällt die personal- und kostenintensive Bestandserhebung in den Stichprobengeschäften weg. Es wird eine höhere Genauigkeit der Daten erreicht. Zudem sind diese tagesgenau verfügbar und können zeitlich beliebig detailliert werden. Marketingmaßnahmen sind damit unmittelbar auf ihre Wirkung im Markt hin erfaßbar. Auch erhält man statistisch geglättete Daten.

Die drei großen Anbieter von Panels sind A.C. Nielsen Company, GfK (Gesellschaft für Konsumforschung) und G&I (GfK und Infratest). G&I ist ein Haushaltspanel, Nielsen und GfK sind reine Handelspanels, erstere tendenziell eher für Verbrauchsgüter, letztere tendenziell eher für Gebrauchsgüter. Außerdem bestehen kombinierte Handels- und Haushaltspanels, sog. Single-source-Panels, weil die Daten für Handels- wie Haushaltsaussagen dann aus einer Quelle stammen, parallel erhoben werden und damit eine verzerrende Umrechnung erübrigen (z.B. ERIM von GfK).

Die A.C. Nielsen Company teilt alle Länder, in denen sie tätig ist, in sog. *Nielsen-Gebiete* auf. Diese dienen im Marketing zur geographischen Kennzeichnung. In Deutschland handelt es sich um folgende Einteilung:

Nielsen I: Schleswig-Holstein, Bremen, Hamburg, Niedersachsen,

Nielsen II: Nordrhein-Westfalen,

Nielsen IIIa: Hessen, Rheinland-Pfalz, Saarland,

Nielsen IIIb: Baden-Württemberg,

Nielsen IV: Bayern,

Nielsen V a+b: Berlin (West/Ost),

Nielsen VI: Brandenburg, Mecklenburg-Vorpommern, Sachsen-Anhalt,

Nielsen VII: Sachsen, Thüringen.

Das Panelangebot umfaßt auch folgende Sondererhebungen für Marktbereiche:

G & I Haushalts-Panel, G & I Individual-Panel, GfK Textilhaushalts-Panel, GFM Haushalts-Panel, GFM Individual-Panel, GFM Installateur-Panel Heizkessel/Thermostate/Wasseraufbereiter, GFM Kfz-Werkstätten-Panel für Autoreparaturlacke, GFM Maler-Panel für Baufarben, GFM Heizöl-Panel für private und gewerbliche Verbraucher, IfD Allensbach Psychologisches Hausfrauen-Panel, IfD Pkw-Besitzer-Panel, IfD Wahl-Panel, Infratest Krankenhaus-Panel, GfK LEH-Leader-Panel, GfK LEH-Basis-Panel, GfK Drug-Panel (für Drogerien und Parfümerien), GfK C & C-Panel, GfK Verbrauchermärkte-Panel, GfK Gastronomie-Panel, GfK Elektro-Einzelhandels-Panel, GfK Elektro-Großhandels-Panel, GfK Hausrat-Eisenwaren-Einzelhandels-Panel, GfK Kfz-Ersatzteile und Zubehör-Panel, GfK Foto-Panel, GfK Regional-Panel-Nord für LEH und Getränkeabholmärkte, GfK Regional-Panel NRW für LEH und Getränkeabholmärkte, Nielsen LEH-Index, Nielsen Distributions-Index im LEH, Nielsen LGH-Index, Nielsen Preisspiegel für LEH und C & C, Nielsen Gesundheits- und Körperpflegemittel-Index, Nielsen Pharmazeutischer Index, Nielsen Bäckerei-Index, Nielsen Hausrat-Eisenwaren-Heimwerker-Baumarkt-Index, Nielsen Tapeten-Farben-Lacke-Index, Nielsen Papier-Büro-Schreibwaren-Index, Nielsen Kiosk- und Gaststätten-Index.

1.4 Die Auswahlverfahren

1.4.1 Teilerhebung

Das Auswahlverfahren bestimmt, welche Auskunftselemente für die Erhebungsmethoden bei der Informationsgewinnung herangezogen werden. Für eine möglichst große Aussagefähigkeit der Ergebnisse ist es wünschenswert, alle Elemente, auf die definierte Untersuchungskriterien zutreffen, die sog. *Grundgesamtheit*, auch tatsächlich zu untersuchen. Nur so kann ein möglichst exaktes Bild von deren Untersuchungsdaten sichergestellt werden. Man spricht in diesem Fall von einer *Vollerhebung* (z.B. Volkszählung). Praktisch machen ansonsten allerdings finanzielle, zeitliche und organisatorische Restriktionen eine an sich wünschenswerte Vollerhebung ökonomisch unmöglich. Dann ist es erforderlich, die Untersuchung auf ausgewählte Teile der Grundgesamtheit zu beschränken. Der damit einhergehende Informationsverlust soll jedoch möglichst gering gehalten werden. Man spricht dann von einer Teilerhebung, wie sie im Marketing typisch ist.

Bei der *Teilerhebung* werden also nicht alle Elemente der Grundgesamtheit untersucht. Um dennoch zu aussagefähigen Ergebnissen zu gelangen, müssen diese ausgewählten Fälle, die sog. Stichprobe, die Verhältnisse der Grundgesamtheit möglichst exakt abbilden. D.h. die Stichprobe muß repräsentativ in bezug auf die untersuchungsrelevanten Merkmale für die Grundgesamtheit sein. Dies ist gegeben, wenn die Verteilung aller interessierenden Merkmale in der Stichprobe der in der Grundgesamtheit entspricht, die Teilmasse also ein zwar verkleinertes, ansonsten jedoch wirklichkeitsgetreues Abbild der Gesamtmasse darstellt. Man spricht dann von *Repräsentanz.*

Dazu sind jedoch Auswahlverfahren erforderlich, die dieser Anforderung entsprechen. Man unterscheidet dabei Verfahren der zufälligen und der bewußten Auswahl. Zunächst scheint es einleuchtend, daß man am ehesten ein getreues Abbild der Grundgesamtheit erhält, indem man aus dieser beliebige Elemente herauszieht und untersucht. Dies entspricht der zufälligen Auswahl. Praktisch stehen dem jedoch einige Hindernisse im Weg. Daher kann es sinnvoll sein, zunächst die durchschnittliche Struktur der Grundgesamtheit zu untersuchen und dann gezielt solche Elemente daraus auszuwählen, die dieser Struktur am ehesten gleichen. Dies entspricht der bewußten Auswahl.

1.4.2 Stichprobengröße

Bei den Verfahren der zufälligen Auswahl stellt sich zudem die Frage, wie groß eine Stichprobe sein, d.h. wieviele Elemente sie enthalten soll, um bestimmte Aussagen zuzulassen. Zufall ist das Ergebnis aus allen nicht kontrollierbaren Einflüssen. Nach dem Gesetz der großen Zahl wird die Wahrscheinlichkeit, daß ein Ereignis eintritt, sich dem Wert 1 nähern, je häufiger das Ereignis unter gleichen Bedingungen bereits eingetreten ist. Die relative Häufigkeit eines Ereignisses nähert sich also der Wahrscheinlichkeit für den Eintritt dieses Ereignisses, je häufiger der Versuch durchgeführt wird. Die Wahrscheinlichkeit eines mit Gewißheit eintretenden (deterministischen) Ereignisses ist gleich 1, die Wahrscheinlichkeit eines unmöglich eintretenden Ereignisses ist dagegen gleich 0.

Eine Stichprobe kann nun um so besser die Struktur der Grundgesamtheit widerspiegeln, je größer ihr Umfang ist. Am besten ist die Übereinstimmung, wenn die Stichprobe im Umfang der Grundgesamtheit entspricht, am schlechtesten, wenn sie nur ein Element umfaßt. Dazwischen liegt die reale Bandbreite. Die optimale Stichprobengröße hängt vom geforderten Sicherheitsgrad des Stichprobenergebnisses, vom Fehlerintervall und der Varianz der Einzelwerte ab. Der Sicherheitsgrad gibt an, mit welcher Wahrscheinlichkeit erwartet werden kann, daß ein Ergebnis zutrifft. Das Fehlerintervall gibt an, innerhalb welcher Bandbreite ein Ergebnis bei der ausgewiesenen Wahrscheinlichkeit liegt. Die Varianz gibt an, wie weit Einzelwerte um ihren Mittelwert streuen.

Eine Stichprobe muß nun um so größer sein, je höher die Wahrscheinlichkeit angesetzt wird, mit der ein Ergebnis erwartet werden kann, je geringer die Bandbreite angesetzt wird, innerhalb derer das Ergebnis schwanken kann, und je höher die Varianz bereits in den Ursprungswerte ist. Umgekehrt darf eine Stichprobe um so kleiner sein, je geringer der Sicherheitsgrad und je größer der Fehlerintervall angesetzt werden und je geringer die Varianz ist. Eine solche Aussage kann z.B. sein, daß mit einer Wahrscheinlichkeit von 95 Prozent die durchschnittlichen Ausgaben eines Kunden im Geschäft für Heimwerkergeräte zwischen 95 und 195 Mark liegen sollen. Eine Erhöhung des Sicherheitsgrads oder eine Senkung des Fehlerintervalls erfordern eine weit überproportionale Erhöhung des Stichprobenumfangs.

1.4.3 Zufallsauswahl

Der Zufallsauswahl liegt das Prinzip zugrunde, daß jedes Element der Grundgesamtheit eine berechenbare und von Null verschiedene Chance haben soll, in eine Stichprobe einbezogen zu werden.

Die *Reine (uneingeschränkte) Zufallsauswahl* wird durch das Urnenmodell versinnbildlicht. Die Elemente der Stichprobe werden unmittelbar aus der Grundgesamtheit gezogen. Voraussetzung dafür ist, daß diese Grundgesamtheit zumindest symbolisch, z.B. in

Form von Karteikarten, vollständig beim Auswahlprozeß vorliegt, d.h. es kann auf jedes Element beliebig zugegriffen werden, und daß sie so gut durchmischt ist, daß jedes Element wirklich die gleiche Chance hat, gezogen zu werden. In der Praxis scheitert die Durchführbarkeit der Reinen Zufallsauswahl zumeist am hohen Aufwand. Zu denken ist an unzureichendes statistisches Grundlagenmaterial, an die Größe der zu untersuchenden Grundgesamtheit und die Streuung ihrer Merkmale. Auch dürfen nicht erreichte Erhebungseinheiten nicht mehr nachträglich ausgetauscht werden. Daher wird auf Verfahren der Systematischen Zufallsauswahl zurückgegriffen. Das bedeutet, daß die Auswahlchancen jedes Elements der Grundgesamtheit zwar nicht mehr gleich sind, wohl aber berechenbar, d.h. man kann den Grad der Repräsentanz messen.

Bei der *Systematischen Zufallsauswahl* gibt es mehrere Verfahren, denen gemein ist, daß ihnen ein Auswahlsystem zugrundeliegt. Dabei handelt es sich um folgende:

- Beim *Schlußziffern-Verfahren* werden alle Elemente der Grundgesamtheit durchnumeriert und jene Elemente als Stichprobe entnommen, die eine bestimmte ausgewählte Endziffer aufweisen.

- Beim *Zufallszahlen-Verfahren* wird die vorliegende Grundgesamtheit ebenfalls durchnumeriert. Die auszuwählenden Nummern werden jedoch durch einen Zufallszahlen-Algorithmus (Zufallszahlentabelle/Zufallszahlengenerator) bestimmt.

- Beim *Anfangsbuchstaben-Verfahren* wird die Stichprobe aus allen Elementen gebildet, deren (Nach-)Namen mit einem bestimmten Anfangsbuchstaben/einer Anfangsbuchstabenkombination beginnen.

- Beim *Zufallsstart-Verfahren* wird innerhalb der katalogisierten Grundgesamtheit zunächst per Zufallsauswahl ein Startpunkt bestimmt und davon ausgehend durch Abzählen jedes x-te Element gezogen.

- Beim *Geburtsdatum-Verfahren* werden aus der Grundgesamtheit all jene Elemente entnommen, die an einem bestimmten Datum (Tag oder Monat, nicht Jahr) geboren wurden oder z.B. im Haushalt als erste im Jahr, am Tag mit der niedrigsten Zahl, als letzte vor bzw. als nächste nach der Erhebung.

Zur *Beurteilung* ist folgendes zu sagen: Die Vorteile der Systematischen Zufallsauswahl liegen darin, daß keine Kenntnis der Merkmalsstruktur in der Grundgesamtheit erforderlich ist. Verzerrungen durch unzureichende Auswahl treten daher nicht auf. Vor allem ist eine Fehlerwahrscheinlichkeit berechenbar. Nachteile liegen darin, daß die Grundgesamtheit vollständig vorliegen muß. Diese Voraussetzung läßt sich in der Praxis oft nicht erfüllen. Auch können Stichprobenelemente ohne Auskunft (Verweigerung, Nichterreichbarkeit etc.) nicht durch andere gleichartige Elemente ersetzt werden, da dann die Berechnung des Zufallsfehlers nicht mehr möglich ist.

Bei der *Geschichteten Zufallsauswahl* wird die Grundgesamtheit in mehrere Teilmassen zerlegt, aus denen jeweils die dann in die Stichprobe eingehenden Elemente unabhängig nach dem Prinzip der Reinen Zufallsauswahl gezogen werden. Es handelt sich also um ein geschichtetes Vorgehen. Dies ist vor allem dann hilfreich, wenn die Grundgesamtheit zwar verschiedenartig (heterogen) ist, sich aber anhand von Untersuchungsmerkmalen aus relativ gleichartigen (homogenen) Teilmassen zusammensetzen läßt. Die Schichtung bewirkt dann eine Reduzierung des Stichprobenfehlers und des Stichprobenumfangs, weil die Streuung (Varianz) zwischen den Schichten entfällt und innerhalb jeder Schicht sinkt. Voraussetzung ist dabei allerdings wieder, daß die Verteilung der interessierenden Merkmale bekannt ist.

Die Schichtenbildung kann unterschiedlich vorgenommen werden. Proportionale Schichtung bedeutet, daß jede Schicht in der Stichprobe nach ihrem Anteil an der Grundgesamtheit vertreten ist. Disproportionale Schichtung bedeutet, daß die einzelnen Schichten stärker oder schwächer als es ihrem Anteil an der Grundgesamtheit entspricht, vertreten sind. Dies bietet sich an, wenn kleinen Schichten (z.B. Großbetriebsformen des Handels) hohe Bedeutung zukommt. Optimale Schichtung bedeutet, daß versucht wird, durch die Schichtung den Zufallsfehler für eine gegebene Stichprobengröße bzw. bei gegebenem Zufallsfehler die Stichprobengröße zu minimieren. Aus homogenen Teilmassen werden dabei kleinere, aus heterogenen größere Stichproben gezogen.

Die *Klumpenauswahl* ist ein hybrides Auswahlverfahren, d.h. eine Kombination aus Auswahl und Vollerfassung. Dabei wird die Grundgesamtheit in Teilmassen zerlegt, z.B. Betriebe, Haushalte, Vereine. Von diesen wird dann nach dem Zufallsprinzip eine bestimmte Anzahl gezogen. Diese Klumpen werden einer Vollerhebung unterzogen, d.h. alle Elemente werden erhoben. Von Vorteil ist dabei, daß weder die Grundgesamtheit vollständig vorliegen, noch deren Struktur im einzelnen bekannt sein muß. Die Auswahlbasis ist vergleichsweise einfach zu beschaffen und die klumpenweise Erfassung wenig aufwendig. Ein großer Nachteil liegt allerdings in der Gefahr von Klumpeneffekten. Diese treten immer dann auf, wenn ausgewählte Klumpen in sich zwar gleichartig, gleichzeitig aber verschiedenartig von der Struktur der Grundgesamtheit sind. Außerdem ergeben sich Probleme, wenn ein Element mehreren Klumpen angehört oder Klumpen in sich inhomogen sind.

Bei der *Flächenstichprobe*, die eigentlich eine Unterform der Klumpenauswahl darstellt, werden die Klumpen geographisch definiert, z.B. als Nielsen-Gebiete, Bezirke, Kreise, Gemeinden, Planquadrate, Häuserblocks. Aus diesen Teilflächen werden dann die Stichprobenelemente bestimmt, die ihrerseits vollständig erhoben werden. Die relative räumliche Konzentration der Erhebungseinheiten senkt dabei die Kosten drastisch. Allerdings gelten die bei der Klumpenauswahl erwähnten Nachteile (z.B. Auswahl eines Villenviertels als Erhebungscluster).

Sonderformen der Zufallsauswahl betreffen mehrere gleiche Verfahren. Bei der mehrphasigen Auswahl werden mehrere Zufallsauswahlverfahren hintereinander geschaltet, die dem gleichen Auswahlprinzip folgen.

Bei der *mehrstufigen Auswahl* werden mehrere zufällige und bewußte Auswahlverfahren eingesetzt. Jeweils wird aus der Grundgesamtheit eine bewußt ausgewählte Primärstichprobe gezogen, aus der dann wiederum Sekundäreinheiten bewußt (rein mehrstufig) oder zufällig (kombiniert mehrstufig) gezogen werden. Am bekanntesten sind das Random-route-Verfahren oder das ADM Master Sample. Allerdings ist dabei wegen der bewußten Auswahl kein Stichprobenfehler mehr berechenbar.

Bei der Auswahl nach dem *Schneeballverfahren* wird von einer Startadresse ausgehend jeweils die nächste Zieladresse nach einem Zufallsmechanismus bestimmt und sofort.

Bei der *Auswahl mit ungleichen Wahrscheinlichkeiten* haben größere Erhebungseinheiten eine höhere Chance, in die Stichprobe einzugehen als kleinere, z.B. Auswahl nach Anzahl der im Haushalt lebenden Personen und nicht nach Anzahl der Haushalte.

Bei der *Auswahl mit Anordnung* werden die Elemente vor einer systematischen Zufallsauswahl nach bestimmten Merkmalen sortiert.

1.4.4 Bewußte Auswahl

Bei der Bewußten Auswahl handelt es sich um ein bei Teilerhebungen häufig angewendetes Auswahlverfahren. Dabei entscheidet das Forschungsdesign darüber, welche Einheiten der Grundgesamtheit in die Stichprobe gelangen. Abzugrenzen ist es besonders von der willkürlichen Auswahl.

Dem *Quota-Verfahren* liegt der Gedanke zugrunde, daß, wenn die Verteilung aller Merkmalsausprägungen auf allen Merkmalsdimensionen einer Grundgesamtheit bekannt ist, es möglich wird, ein verkleinertes Modell dieser Grundgesamtheit zu erstellen. D.h. es kann eine Stichprobe entwickelt werden, die in allen untersuchungsrelevanten Merkmalen für die Grundgesamtheit repräsentativ ist. Die Verteilung dieser Merkmale nennt man Quoten. Diese Quoten kann man dann auf die Stichprobe übertragen. Beim Quota-Verfahren werden also einige offensichtliche Merkmale, deren Verteilung in der Grundgesamtheit bekannt ist und von denen man weiß oder annehmen kann, daß sie für das Untersuchungsziel relevant sind, als Auswahlkriterien für die Stichprobenbestimmung ausgewählt. Mit diesen Merkmalen wird ein Quotenplan erstellt, der die Quotenanweisung enthält. Innerhalb der vorgegebenen Quotierung ist es nun unerheblich, welches Element der Grundgesamtheit in die Stichprobe aufgenommen wird, solange es nur in seinen Merkmalen der Quotenanweisung entspricht, und in der Kumulation aller Erhebungseinheiten der vorgegebene Quotenplan eingehalten wird. Das bedeutet aber, der Interviewer wählt seine Auskunftspersonen selbst (bewußt) aus. In der Summe entsteht so eine Stichprobe, die zumindest in den quotierten Merkmalen exakt der Grundgesamtheit entspricht.

Der *Ablauf* dieses in der Praxis am häufigsten eingesetzten Auswahlverfahrens ist folgender:

- Festlegung der erhebungsrelevanten Merkmale wie Alter, Geschlecht, Wohngebiet, Beruf.

- Festlegung der möglichen Ausprägungen der einzelnen Merkmale, z.B. beim Alter nach Altersklassen wie 16 bis 25 Jahre, 26 bis 35 Jahre, 36 bis 45 Jahre, 46 bis 55 Jahre, 56 bis 65 Jahre, über 65 Jahre.

- Ermittlung der relativen Häufigkeiten der verschiedenen Merkmalsausprägungen eines jeden Merkmals in der Grundgesamtheit, die dazu aus zuverlässigen Unterlagen bekannt sein muß.

- Vorgabe dieser objektiven und zugleich spezifischen Quoten für die Stichprobe.

- Auswahl der einzelnen Auskunftspersonen durch jeden Interviewer, dem wiederum derart Quoten vorgegeben werden, daß in der Addition aller Interviews die Quotierung repräsentativ ist.

Vorteile aus der Anwendung des Quota-Verfahrens liegen in folgenden Aspekten:

- Die Durchführung ist vergleichsweise kostengünstig. Dies resultiert aus der Zeit- und Wegerationalisierung bei der Auswahl.

- Die Übereinstimmung zwischen Stichprobenmerkmalen und Grundgesamtheitsmerkmalen ist vollständig gegeben.

- Der Zeitaufwand zur Durchführung ist vergleichsweise gering, so daß eine schnelle Realisation möglich wird.

- Das Verfahren ist flexibel zu handhaben. So kann eine nachträgliche Anpassung der Stichprobe an die Grundgesamtheit durch Redressement erfolgen, d.h. unterschiedliche Gewichtung einzelner Quotenmerkmale.

- Es kommt zu einer vollständigen Stichprobenausschöpfung, da die Auswahl so lange fortgesetzt wird, bis die Stichprobengröße erreicht ist.

- Der Auswahlmechanismus ist unkompliziert. Insofern sind keine spezialisierten Interviewer erforderlich.

- Es sind keine Wiederholungsbesuche von Stichprobenteilnehmern bei Nichtantreffen erforderlich. Dadurch wird eine höhere Effektivität erreicht.

- Die Anonymität der Auskunftsperson kann gewährleistet werden, falls dies gewünscht oder erforderlich ist.

Nachteile sind hingegen folgende:

- Es ist keine mathematisch fundierte Fehlerberechnung möglich, da keine Zufallsauswahl vorliegt. Auch die meisten statistischen Testverfahren sind demnach nicht anwendbar.

- Viele Merkmale entziehen sich einer Quotierung, vor allem solche qualitativer Natur. So sind nur äußere Merkmale zur Quotierung geeignet, nicht jedoch Einstellungen, Meinungen, Motive etc., die oftmals weitaus bedeutsamer sind.

- Der zugrundegelegte Zusammenhang zwischen Untersuchungs- und Quotierungsmerkmalen kann täuschen. Damit ist bereits zu Beginn der Arbeit ein Wissensstand erforderlich, wie er eigentlich erst an deren Ende bereitstehen kann.

- Die Kombination quotierbarer Merkmale ist aus Praktikabilitätsgründen begrenzt. Die Grenze wird hier bei fünf Merkmalsgruppen gesehen.

- Das Auffinden von zutreffenden Probanden bei Restquoten wird immer schwieriger, da zuerst leichte Merkmalskombinationen bevorzugt werden. So können gegen Ende Quotierungen „großzügig“ ausgelegt werden.

- Verzerrungen durch Ausfälle, Verweigerungen etc. bleiben unerkannt, da für diesen Fall quotenkonforme Ersatzelemente einspringen. Dies verursacht systematische Fehler.

- Die willkürliche Bevorzugung bestimmter Auswahlelemente der Quotierung ist nicht ausgeschlossen, z.B. Freundeskreis, Parterrewohnungen, Heimatbezirk. Die Quotenmerkmale werden deshalb eng mit dem Untersuchungsgegenstand korreliert und zwingen den Interviewer aus seinem gewohnten Umfeld.

- Gleiches gilt für die Mehrfachbefragung gleicher Personen, obgleich dies in den Anweisungen ausgeschlossen wird. Es wird deshalb je Interviewer nur eine beschränkte Anzahl von Interviewaufträgen vergeben.

- Es können keine hochspezialisierten Themen erhoben werden, deren zugehörige Quotenmerkmale nur sehr selten anzutreffen sind.

- Das Interview leicht erreichbarer Personen benachteiligt mobile Bevölkerungsschichten. Umgekehrt werden gut erreichbare Personenkreise überrepräsentiert.

In der Praxis haben sich Zufalls- und Quota-Auswahl als gleichwertig hinsichtlich der Qualität ihrer Ergebnisse erwiesen. Diese schwanken eher mit der Professionalität der Untersuchungsanlage, -durchführung und -auswertung als mit dem zugrundegelegten Auswahlverfahren.

Beim *Konzentrationsverfahren* wird eine Vollerhebung für solche Elemente der Grundgesamtheit vorgenommen, denen für den Untersuchungszweck besondere Bedeutung zukommt. Alle anderen werden vernachlässigt. Dies ist nur dann sinnvoll, wenn diese Elemente einen sehr hohen Erklärungsbeitrag für die zu untersuchenden Sachverhalte leisten, also ein starkes Ungleichgewicht der Elemente gegeben ist und wenigen Elementen ein extrem hoher Erklärungsbeitrag zukommt.

Bei den *Typischen Fällen* werden nach Ermessen des Interviewers solche Elemente aus der Grundgesamtheit ausgewählt, die als charakteristisch erachtet werden. Es ist jedoch höchst gefährlich, von den derart erzielten Ergebnissen hochzurechnen, denn Fehlerquellen liegen nicht nur in der deutlichen individuellen Abweichung darüber, was subjektiv als typisch anzusehen ist und was nicht, sondern auch in der unzulässigen Verallgemeinerung der Aussagen von diesen auf alle Fälle.

Die *Auswahl aufs Geratewohl*, auch Willkürprinzip genannt, wird unter Laien oft als Zufallsauswahl betrachtet. Dazu werden zu gegebener Zeit in gegebenem Raum aufs Geratewohl, also nach freiem Ermessen, Auskunftseinheiten ausgewählt. Da jedoch dabei nicht sichergestellt ist, daß alle Elemente der Grundgesamtheit die gleiche von Null verschiedene Chance haben, in die Stichprobe einzugehen, handelt es sich dabei gerade nicht um eine zufällige, sondern vielmehr um eine willkürliche Auswahl. Diese läßt allen Freiraum für Verzerrungen. Eine Stichprobenauswahl aufs Geratewohl bürgt geradezu für unbrauchbare Ergebnisse.

1.4.5 Verzerrungsmöglichkeiten bei der Auswahl

Hinsichtlich der Fehlermöglichkeiten gibt es Stichprobenausfälle und Stichprobenfehler. Bei *Stichprobenausfällen* sind *unechte Ausfälle*, die stichprobenneutral sind und daher nicht verzerren, und *echte Ausfälle*, die zu Ergebnisverzerrungen führen, zu unterscheiden. Leider ist die Realität eher durch echte Fehler bei Stichprobenausfällen gekennzeichnet.

Bei *Stichprobenfehlern* sind zufällige und systematische zu unterscheiden. *Zufällige Fehler* treten nur bei Teilerhebung mit Zufallsauswahlverfahren auf und haben wenigstens den Vorteil, daß Abweichungen der Ergebnisse der Stichprobe gegenüber einer Vollerhebung in der Grundgesamtheit ausgewiesen werden können.

Als Fehlermaß gilt die Varianz der Ergebnisse, d.h. die durchschnittliche quadratische Abweichung der Einzelwerte von ihrem Mittelwert bzw. deren Standardabweichung, d.h. die Quadratwurzel der Varianz. Die Güte einer Stichprobe ist dabei vom Umfang der Grundgesamtheit unabhängig, wenn die Grundgesamtheit groß genug ist (> 2000 Elemente). Die Güte wird dann nicht mehr von der Relation der Stichprobe zur Grundgesamtheit, sondern nur von ihrem absoluten Umfang bestimmt. Jede Fehlerberechnung bezieht sich immer auf das Gesamtergebnis. Sollen verschiedene Untergruppen analysiert werden, so bestimmen die Anforderungen an die kleinste der zu analysierenden Gruppen den gesamten Stichprobenumfang.

Systematische Fehler treten auch bei Vollerhebung und bewußter Auswahl auf und sind nicht wahrscheinlichkeitstheoretisch erfaßbar, da sie in Unzulänglichkeiten in der Versuchsanlage begründet sind. Sie haben mehrere Ursachen:

Durch den *Träger der Untersuchung* hervorgerufene Fehler entstehen bei der Erhebungsplanung, u.a. bei unpräziser Definition des Untersuchungsziels, unklarer Abgrenzung der Grundgesamtheit, aus der Verwendung unkorrekter, veralteter Unterlagen, aus unzweckmäßiger Auswahl und Kombination der Methodenelemente, sowie in der Erhebungstaktik, u.a. durch falsche Zusammensetzung des Interviewerstabs, unzweckmäßige Fragebogengestaltung, durch den Einsatz ungeeigneter Auswahlverfahren oder schließlich in der Verfahrensumsetzung selbst.

Fehler bei der *Erhebungsdurchführung* entstehen u.a. aus mangelhafter Organisation der Feldarbeit und deren ungenügender Kontrolle. Weitere Fehler entstehen bei der Auswertung, Interpretation und Darstellung der Ergebnisse.

Durch den *Interviewer* hervorgerufene Fehler entstehen u.a. infolge Verzerrung des Auswahlplans durch Manipulation (Quotenfehler) und Verzerrung der Antworten bei Beeinflussung der Auskunftspersonen durch Erscheinungsbild (Auftrittsfehler), durch suggestives Vorbringen von Fragen und durch selektive/nachlässige Antwortregistrierung (Übertragungsfehler).

Durch *Probanden* hervorgerufene Fehler entstehen u.a. durch Non-response-Fälle, etwa zu interviewende Person nicht angetroffen, Antwort verweigert, antwortunfähig etc., und Falschbeantwortung, z.B. Überforderung, Prestige, Affekt, Erinnerungslücke, Drittbeeinflussung.

Kommen kumulativ mehrere Fehlerquellen zusammen, also unvollständige Ausgangsdaten oder ungültige Adressen, Verzicht auf Ansprache abwesender Bevölkerung, Verweigerungsquote etc., leidet die Aussagefähigkeit der Forschung extrem. Nur 5 Prozent Fehlerrate bei jeder Komponente bedeuten dann bei 3 Komponenten schon nur 85 Prozent Korrektheit der Daten. Da in der Praxis die Fehlerrate wesentlich höher ist und zugleich auch mehr Komponenten in das Ergebnis einspielen, ist die Korrektheit der Daten noch geringer. Insofern ist es wichtig zu berücksichtigen, daß diese Daten trotz elaborierter Verfahren nur mehr oder minder gute Anhaltspunkte sind, keineswegs jedoch bis auf die Kommastelle genau genommen werden dürfen. Ihre Berechtigung ziehen sie eigentlich aus der Ermangelung besserer Daten. Daher ist vor Entscheidungen immer eine Plausibilitätskontrolle wichtig, und wenn „Bauchgefühl" und Daten einander widersprechen, sollte man dem Bauchgefühl gehorchen oder die Daten noch einmal kritisch hinterfragen.

2 Die Absatzprognose

2.1 Die Prognosearten

Nun ist die Erhebung und Auswertung von Daten eine Sache, eine andere ist es, und diese ist in der Praxis hochrelevant, wie sich die Daten in Zukunft mutmaßlich verhalten werden. Denn aus diesem Verhalten können Schlußfolgerungen auf eigene Marketingaktivitäten gezogen werden, die die Marktstellung verbessern. Eben diese Fragestellung löst die Absatzprognose.

Unter Absatzprognosen versteht man systematische und auf Empirie gegründete Vorhersagen über das zukünftige Eintreffen von Situationen am Markt. Diese Vorhersagen beruhen auf pragmatischen Erfahrungen oder theoretischen Erkenntnissen, jedenfalls aber auf Informationen qualitativer und quantitativer Art. D.h. jede Prognose basiert auf der Analyse der Vergangenheit und ist nicht nur bloßes „Tippen", und jede Prognose erfordert eine sachlogische Begründung und die Angabe der Prämissen, unter denen sie abgegeben wird.

Hier geht es nur um ökonomische Prognosen, sie stellen Aussagen über zukünftige ökonomische Ereignisse her. Die Prognose basiert auf der Zugrundelegung von Gesetzmäßigkeiten möglichst hohen empirischen Informationsgehalts. Jeder Prognose muß folglich eine Analyse solcher Gesetzmäßigkeiten vorausgehen. Die Beobachtungen der Vergangenheit liegen regelmäßig in Form von Zeitreihen vor.

Prognosen lassen sich in vielfältige *Einteilungen* untergliedern:

– Nach der *Zahl der abhängigen Variablen* gibt es einfache und multiple Absatzprognosen. Bei einfachen Prognosen wird nur eine Variable vorhergesagt, bei multiplen Prognosen werden mehrere Variable gemeinsam vorhergesagt. Diese können durchaus auch wechselseitig abhängig sein.

- Nach der *Zahl der unabhängigen Variablen* gibt es univariate und multivariate Absatzprognosen. Univariate Prognosen unterstellen, daß die Marktgrößen nur von einem Einflußfaktor abhängig sind, der fortgeschrieben werden kann, multivariate Prognosen unterstellen, daß mehrere Einflußfaktoren zugleich vorhanden sind, die in einem kausalen Verhältnis zueinander stehen. Unabhängige Faktoren sind vom Betrieb nicht beeinflußbar und werden über Indikatoren zu erfassen versucht.

- Nach den *Eigenschaften der Marktergebnisse* gibt es Entwicklungsprognosen und Wirkungsprognosen. Entwicklungsprognosen sind gegeben, wenn die Prognosegröße von vom Betrieb nicht kontrollierbaren Variablen abhängt, die unabhängige Variable ist dabei die Zeit. Dabei wird eine stets sorgfältig angepaßte Zeitreihe fortgeschrieben. Wirkungsprognosen sind gegeben, wenn die Prognosegröße von vom Unternehmen kontrollierbaren (kausalen) Variablen bestimmt wird. Hier ist die Art und die genaue Form des Zusammenhangs zu bestimmen.

- Nach den *verwendeten Funktionen* gibt es mathematische Funktionen als Konstante, als lineare Funktion, als Polynome zweiter und höherer Ordnung, als Exponentialfunktion etc.

- Nach den *Meßgrößen des Marktes* gibt es Mengen und Werte, absolute und relative Angaben. Diese beziehen sich jeweils auf den Gesamtmarkt oder ausgewählte Teilmärkte.

- Nach der *Gewichtung der Daten* gibt es Verfahren ohne Gewichtung und solche mit Gewichtung. Die Gewichtung kann mit einem oder mehreren Faktoren erfolgen.

- Nach dem *Geltungsbereich der Aussagen* gibt es Prognosen bezogen auf Märkte, Betriebe, Produkte, Absatzgebiete, Kunden etc. Werden alle Größen einbezogen, handelt es sich um eine totale Prognose.

- Nach den *Fristen der Gültigkeit* gibt es kurzfristige, mittelfristige und langfristige Prognosen. Allerdings hängt die jeweilige Länge vom zeitlichen Abstand der Beobachtungswerte ab. Zudem ist umstritten, was als kurzfristig (meist < 1 Jahr), mittelfristig (meist 1 bis 4 Jahre) oder langfristig (meist > 4 Jahre) zu gelten hat.

- Nach der *Aussagefähigkeit* gibt es eindeutige und mehrwertige Prognosen. Eindeutig bedeutet dabei hier bezogen auf einen einzigen Prognosewert, mehrwertig bedeutet hier bezogen auf zwei oder mehr Prognosewerte.

- Nach dem *Zeitbezug* gibt es statische Prognosen, bei denen sich alle Variablen auf dieselbe Periode beziehen, und dynamische Prognosen, deren Variable sich auf verschiedene Perioden beziehen.

- Nach der *Flexibilität* unterscheidet man starre Prognosen, die nur die Vergangenheit fortschreiben, adaptive Prognosen, die zukünftige Entwicklungen antizipieren, und auto-adaptive Prognosen, die eigene Anpassungen an Entwicklungen im Prognosemodell automatisch vornehmen.

- Nach dem *Gebiet*, für das Aussagen getroffen werden sollen, handelt es sich um intranationale oder supranationale Prognosen.

- Nach dem *Intervall* kann es sich um häufiger wiederkehrende Prognosen oder um seltene bis einmalige Prognosen handeln.

- Nach dem *Inhalt* der Vorhersage kann es sich um solche mit quantitativen (exakten) oder qualitativen (intuitiven) Grundlagen handeln. Bei quantitativen Modellen werden Beobachtungswerte mit Hilfe mathematischer Gleichungssysteme verknüpft. Bei qualitativen Modellen werden Heuristiken (Erfahrungstatbestände) zugrundegelegt.

- Nach der *Zeitachse* kann es sich um eine Querschnittsprognose handeln, die die gleichzeitige Vorhersage mehrerer Größen zu einem Zeitpunkt betrifft, oder um eine Längsschnittprognose, die die Vorhersage einer Größe zu mehreren Zeitpunkten betrifft.

2.2 Die Prognosemodelle

2.2.1 Intuitive Prognose

Zu den Intuitiven Prognoseverfahren gehören alle zweckmäßigen, jedoch ohne schematisches Modell erarbeiteten Prognosen. Sie zeichnen sich dadurch aus, daß die ihnen zugrunde liegende Theorie nur schwach ausgebildet ist und viele subjektive, d.h. intersubjektiv nicht nachprüfbare Elemente enthält. Man spricht auch von heuristischen Prognosen. Oft stellen diese Verfahren die einzige Möglichkeit dar, wenn keine ausreichende quantitative Basis gegeben ist.

Als qualitative Prognoseverfahren sind explorative (z.B. Befragung), normative (z.B. Delphi-Methode) und projizierende (z.B. Szenario) zu unterscheiden.

Weitere naive Verfahren sind die Analogieschätzung und der Freihandtrend.

Bei der *Analogieschätzung* wird unterstellt, daß die Entwicklung auf einem Markt analog der Entwicklung auf einem anderen, zeitlich vorgelagerten Markt vonstatten geht. Man nimmt an, daß die zu prognostizierende Größe wegen der ansonsten vergleichbaren Ausgangs- und Rahmenbedingungen zukünftig einen ähnlichen Verlauf nehmen wird, wie die in Analogie dazu gesehene gegenwärtig. Der prognostische Wert dieser Vorgehensweise ist heftig umstritten.

Beim *Freihandtrend* wird die Prognose anhand einer zeichnerischen Vorlage vorgenommen. Dabei handelt es sich um ein Koordinatensystem, in dem die interessierende Größe auf der Abszisse und die Zeit auf der Ordinate abgetragen ist, mit den Beobachtungswerten der Vergangenheit und Gegenwart als Punktwolke, durch die per Freihandtrend eine Kurve derart gelegt wird, daß diese möglichst gut repräsentiert werden. Die Verlängerung dieser Kurve in die Zukunft ergibt dann die entsprechenden Prognosewerte.

Die *prognostische Befragung* erfolgt meist unter Geschäftsleitungsmitgliedern, Mitarbeitern, Außendienstlern oder Endkunden. Sie hat folgende Vorzüge:

- Befragung der Geschäftsleitung: Sie ist schnell in der Durchführung, einfach in der Auswertung, nutzt Fachwissen und hohes Urteilsvermögen und verursacht geringe Kosten. Nachteilig ist das Ressortdenken und das fehlende Hintergrundwissen bei im operativen Bereich Fachfremden.

- Befragung des Außendienstes: Sie ist schnell in der Durchführung, einfach in der Auswertung, nutzt enge Marktkenntnisse, gleicht Einzelfehler durch größere Kopfzahl aus und verursacht nur geringe Kosten. Nachteilig sind die Antizipation von Sollvorgaben, die mangelnde Übersicht über Tendenzen und Einsatz von Marketinginstrumenten sowie Akzeptanzprobleme bei ständiger Befragung.

- Befragung von Endkunden: Sie ergibt direkte Marktinformation und erfaßt die Stimmung. Nachteilig sind die hohen Kosten, der hohe Zeitaufwand, die oft mangelnde Repräsentativität, die geringe Informationsbereitschaft und das begrenzte Informationsvermögen.

- Befragung von Mitarbeitern: Hier besteht enger Kundenkontakt und unmittelbare Einsicht in die Marktreaktion. Nachteilig sind die betriebsverzerrte Sichtweise, die Tendenz zu „vorauseilendem Optimismus" oder „vorbeugendem Pessimismus" und oftmals mangelndes Abstraktionsvermögen.

Die *allgemeinen Vorteile* der Befragung liegen in der kurzfristigen Durchführbarkeit der Befragung und der Nutzung des vorhandenen Wissens, der Erfahrung und des Urteilsvermögens der Befragten. Allgemeine Nachteile sind vor allem der recht große Aufwand, die subjektive Verzerrung der Antworten und deren mehrdeutige Auswertbarkeit (so müssen die Befragten damit rechnen, an ihren Prognosen gemessen zu werden, so daß massive Eigeninteressen vorliegen), sowie der fehlende zuverlässige Überblick beim einzelnen zur Beurteilung der Gesamtlage.

Unter *Delphi-Methode* versteht man die schriftliche Befragung mehrerer Informanten, die untereinander selbst nach Abschluß des Verfahrens anonym bleiben. Die Abfrage erfolgt durch Fragebögen mit höchstens fünfzig möglichst geschlossenen Fragen, die von Runde zu Runde verändert werden. Befragt werden zwischen 20 und 100 Experten und Persönlichkeiten. Diese Befragung wird von einem Moderator geleitet, durchgeführt und ausgewertet. Er entscheidet auch über den kontrollierten Rückfluß von Informationen mit Argumenten und Gegenargumenten im Zuge mehrerer Befragungszyklen. Die Einzelangaben können dabei entsprechend der vermuteten Kompetenz der Befragten gewichtet werden. Nach jeder Runde werden die Teilnehmer aufgefordert, ihre Angaben entsprechend dem gemeinsamen höheren Informationsstand zu überprüfen und gegebenenfalls zu korrigieren. Dadurch entsteht eine positive Informationsrückkopplung. Nach drei bis vier Runden ist meist ein abgerundetes Ergebnis erreicht. Für den Erfolg entscheidend sind die Erfahrung des Moderators und das Engagement der Teilnehmer.

Eine schriftliche Befragung nach der Delphi-Methode läuft wie folgt ab:

- Zunächst wird das Prognoseproblem definiert, werden die Experten ermittelt, ihre Mitarbeit angefragt und die Delphi-Befragungsinstanz eingerichtet.
- Dann erhalten die Experten Informationen über Prognosegebiet und Vorgehensweise und werden nach möglichen zukünftigen Ereignissen im relevanten Bereich befragt.
- Den Teilnehmern wird die in der ersten Runde ermittelte Liste denkbarer Entwicklungen übersandt. Sie schätzen daraufhin ab, innerhalb welcher Zeit diese Entwicklungen eintreten können.
- Die sich ergebenden Individualschätzungen werden allen Beteiligten zugänglich gemacht, die ihre eigenen Schätzungen unter diesem Eindruck korrigieren oder abweichend begründen können.
- Die Teilnehmer erhalten wiederum die neuen Daten und Begründungen, auf deren Basis sie eine abschließende Schätzung abgeben sollen.
- Darauf folgen die Interpretation der Ergebnisse und die Darstellung der Prognose.

Das Ausmaß der Übereinstimmung der Experten erfolgt durch Ausweis von Median, Modus und Standardabweichung. Zusätzlich werden das erste und das dritte Quartil errechnet (= 50 Prozent der Werte liegen zwischen Median und Quartilen). Experten, deren Schätzungen außerhalb der Quartile liegen, werden um eine Begründung gebeten. Dadurch wird eine Konvergenz der Ergebnisse angestrebt. Liegt der „wahre" Wert außerhalb der Quartile, führen zusätzliche Befragungsrunden allerdings zu einer Verschlechterung der Ergebnisse.

Als wichtigste *Vorteile* gelten dabei, daß durch die Anonymität der Befragung jeglicher Gruppendruck unterbleibt, die erstellten Prognosen iterativ durch die Gruppe selbst überprüft und erhärtet oder verworfen werden und so zur Konvergenz der Meinungen führen. Zusätzliche Begründungen für Schätzungen geben weiteren Aufschluß über abweichende Sichtweisen.

Von *Nachteil* sind hingegen folgende Aspekte: Durch die Anonymität der Befragung kann unter den Teilnehmern kein direkter Lernprozeß stattfinden. Das starre Befragungsschema läßt nur wenig Raum für Entwicklungen. Die Informationsrückkopplung macht eine Meinungsanpassung an die Mehrheit leicht. Durch das mehrstufige Procedere entsteht ein hoher Zeitbedarf.

Bei der *Szenario-Technik* handelt es sich um die eingehende, systematische Analyse der gegenwärtigen Lage auf dem Prognosegebiet und die Ermittlung und Untersuchung aller denkbaren Entwicklungen dort. Ihr Ziel ist die Projektion aus komplexen, wissenschaftlich begründeten Voraussagen über Inhalt, Umfang und Richtung von Entwicklungsprozessen, denen reale oder abstrakte Systeme in großen Zeitabläufen unterworfen sind. Sie dienen damit dem Entwurf eines Modells über den künftigen Zustand solcher Systeme. Vor allem kritische Ereignisse (sog. Strukturbrüche), die zu Alternativen führen, werden einbezogen.

Die Szenariotechnik läuft in folgenden Schritten ab:

- Definition und Gliederung des Untersuchungsfelds. Hier werden der Untersuchungsgegenstand geklärt und alle nötigen Informationen gesammelt, analysiert und bewertet.

- Identifizierung und Strukturierung der Umfelder. Die das Untersuchungsfeld direkt oder indirekt beeinflussenden Faktoren werden thematisch strukturiert und gebündelt. Für die weitere Arbeit ist entscheidend, diese Faktoren in Form von Kenngrößen, Variablen oder Merkmalen so zu charakterisieren, daß ihnen Entwicklungsrichtungen zugeordnet werden können (sog. Deskriptoren).

- Projektion von Entwicklungsrichtungen. Die Deskriptoren werden mit Eintrittswahrscheinlichkeiten belegt. So werden unkritische von kritischen Deskriptoren unterschieden.

- Bildung konsistenter Annahmebündel. Aus den ermittelten Deskriptoren werden in sich konsistente Annahmebündel gebildet, die als Gerüst für die nun zu formulierenden Zukunftsbilder dienen.

- Ausarbeitung und Interpretation der Szenarien. Es werden anschauliche Zukunftsbilder gestaltet. Der Blick in die Zukunft sollte dabei weder zu blumig noch zu nüchtern ausfallen, in jedem Fall aber anschaulich sein.

- Prüfung von Störereignissen. Die Zukunftsbilder werden daraufhin geprüft, wie stabil oder labil sie gegenüber möglichen Störereignissen sind. Zu diesem Zweck werden überraschende Ereignisse formuliert (sog. Diskontinuitäten).

- Ableitung von Konsequenzen für das Untersuchungsfeld. Aus den Szenarien werden Risiken und Chancen für das Untersuchungsfeld abgeleitet. Die möglichen zukünftigen Situationen werden anschaulich beschrieben, evtl. durch Bilder unterstützt.

- Meist wird ein Best-case-Szenario und ein Worst-case-Szenario entwickelt, ersteres enthält alle Chancen, letzteres alle Risiken. Damit sind die Extremwerte bestimmt. Der realistische Wert liegt dann innerhalb dieser Bandbreite.

– Ausarbeitung von Maßnahmen und Erstellung von Plänen. Nun können diese Erkenntnisse in praktische Handlungsanweisungen umgesetzt werden.

Die wichtigsten *Vorteile* bestehen darin, daß die allgemeinen Interdependenzen der Einflußfaktoren beachtet, alternative Entwicklungen in viele Richtungen ausgelotet werden und daß das Prognoseumfeld und die Randbedingungen Bestandteil dieser Technik sind.

Von *Nachteil* ist jedoch, daß es sich um eine Fülle subjektiver Einschätzungen handelt, die das Vorhersage-Ergebnis ganz entscheidend beeinflussen, daß der Einsatz nur bei komplexen Prognoseproblemen sinnvoll ist, die keine Fassung in mathematisch exakte Funktionen erlauben, sowie dann, wenn es nur um das Aufzeigen möglicher Zukunftsperspektiven geht.

2.2.2 Systematische Prognose

■ Deskriptive Verfahren

Die *Durchführung* einer systematischen (quantitativen) Prognose läuft folgendermaßen ab:

– Definition des Prognose-Objekts, das Gegenstand der Untersuchung ist.

– Erhebung der Daten aus sekundär- oder primärstatistischen Quellen durch Auflistung der Vergangenheitswerte der Prognosegröße.

– Untersuchung der Einflußfaktoren auf die Prognosegröße, z.B. Nachfrage durch Art und Zahl der Kunden, Merkmale dieser Kunden, gesamtwirtschaftliche Faktoren, Marktstruktur, Produkt, Preis, Distribution, Kommunikation, exogene Einflüsse wie Demographie, Politik, Gesetz, Technik, Natur, endogene Einflüsse wie Absatz, Beschaffung, Finanzierung, Personal etc.

- Datenanalyse zur Ermittlung von Gesetzmäßigkeiten in der Absatzentwicklung. Dabei werden vier Komponenten unterschieden. Die Trendkomponente ist die unabhängig von Schwankungen beobachtete Grundrichtung einer Zeitreihe. Die Konjunkturkomponente ist die gesamtwirtschaftliche, mehr oder minder zyklische, langfristige Änderung einer Zeitreihe. Die Saisonkomponente ist die branchenbedingte, kurzfristige Änderung einer Zeitreihe. Die Zufallskomponente ist die unsystematische Änderung einer Zeitreihe.

- Datenanalyse zur Ermittlung von Zusammenhängen zwischen Absatz und seinen Einflußgrößen durch Wahl des Funktionstyps, der die empirische Entwicklung und die darin liegende Gesetzmäßigkeit am besten wiedergibt. Schätzung seiner Strukturparameter. Messung der Stärke der Korrelation und Überprüfung des statistischen und kausalen Zusammenhangs und Beurteilung der Eignung der errechneten Funktion zur Prognoseerstellung.

- Prüfung des Übertragens der Regelmäßigkeit von der Vergangenheit in die Zukunft durch Ermittlung der zukünftigen Werte der unabhängigen Variablen und Ableitung des Werts der abhängigen Variablen nach festgelegter Abhängigkeitsrelation.

- Wahl des Prognosemodells in Abhängigkeit von erreichbar erscheinender Prognosegenauigkeit, entstehenden Prognosekosten, Komplexität bzw. Benutzerfreundlichkeit des ausgewählten Verfahrens, abzudeckendem Prognosezeitraum und Prognosedatenbasis.

- Ableitung der Prognoseaussage.

Man unterscheidet deskriptive Verfahren, die den künftigen Wert einer *Zeitreihe* aus den Vergangenheitswerten derselben Zeitreihe abzuleiten versuchen und keine weiteren Einflußfaktoren als die Zeit sehen, und analytische Verfahren, die die Zeitreihe der zu prognostizierenden Größe auf die Zeitreihen anderer (exogener) Größen zurückführen. Innerhalb der deskriptiven Verfahren gibt es wiederum solche, die in der Zeitreihe *keinen Trend* unterstellen (kurzfristige Prognosesicht) und solche, die eine *trendmäßige Entwicklung* unterstellen (langfristige Prognosesicht). Innerhalb der analytischen Verfahren bauen einige auf vorlaufende *Indikatoren* und andere unterstellen eine *Kausalbeziehung* (Wirkungsprognosen).

Unter einer *Zeitreihe* versteht man eine Menge von Beobachtungswerten, die in gleichen zeitlichen Abständen aufeinander folgen. Als Quellen für solche Zeitreihendaten kommen interne und externe sowie primär- und sekundärstatistische in Betracht, also z.B. Daten aus betrieblichem Rechnungswesen, Marketinginformationssystemen, Betriebsstatistiken, statistischen Ämtern und Behörden, Wirtschafts- und Konjunkturinstituten, eigenen Erhebungen etc. Unterstellt man, daß die im bisherigen Verlauf der Zeitreihe aufgedeckten Gesetzmäßigkeiten auch für die Zukunft gelten, handelt es sich um eine Zeitstabilitätshypothese. Angesichts sich rasch wandelnder Umfeldbedingungen sind Prognosefehler dabei fast unvermeidlich.

Bei der Kurzfristigen Prognose wird jeweils nur der Prognosewert für die folgende Periode berechnet. Es wird unterstellt, daß die Zeitreihe keinen Trend enthält.

Durchschnittsberechnungen beruhen auf der Annahme, daß die zu prognostizierende Größe ein funktionaler Wert bzw. eine gesetzmäßige Konstante ist und daß die in der Vergangenheit festgestellte Wirkung auch für die Zukunft unterstellt werden kann. Abweichungen davon beruhen nur auf Zufallsschwankungen. Die Beobachtungswerte werden damit als nur von der Zeit abhängig betrachtet und fortgeschrieben (extrapoliert). Angestrebt wird eine minimale Abweichung der Funktion bzw. Konstante von den tatsächlichen Werten der Vergangenheit. Gleiche Bedingungen für die Zukunft unterstellt, kann damit ein minimal abweichender, also möglichst genauer Prognosewert ermittelt werden. Dies erfolgt durch die Berechnung des (einfachen) *arithmetischen Mittels*.

Die Vergangenheitswerte können auch gewichtet werden. Dann ist der repräsentative Wert der Prognosegröße in der Vergangenheit das *gewogene arithmetische Mittel* aller Daten, das durch Einsetzen zukünftiger Perioden in die Zukunft fortgeschrieben werden kann.

Gleitende Durchschnitte ergeben sich, wenn jeweils nach Vorliegen eines neuen Werts der älteste Wert der Rechenreihe ausgeschaltet und mit der gleichen Anzahl von Ursprungswerten, nun aber aktueller, die Berechnung fortgesetzt wird. Der Mittelwert gleitet damit von Periode zu Periode. Im einzelnen wird aus einer möglichst langen Zeitreihe, für die entsprechende Werte vorliegen, der Durchschnitt für einen festgelegten Zeitraum berechnet. Aus dieser Gruppe wird dann im folgenden sukzessiv immer der jeweils älteste Wert der letzten Periode durch den jüngsten Wert der Folgeperiode ersetzt.

Beim *gewogenen gleitenden Durchschnitt* werden jüngere Daten wegen ihrer größeren prognostischen Relevanz stärker gewichtet als ältere Daten. Der Gewichtungskoeffizient bestimmt, in welchem Ausmaß diese Umgewichtung erfolgt. Darin liegt zugleich eine Verzerrungsgefahr. Ziel dieses Verfahrens ist die Ausschaltung zufallsbedingter Unregelmäßigkeiten im Verlauf der Zeitreihe. Durch den Wechsel der Berechnungsbasis wird so etwas wie ein Filtereffekt hervorgerufen. Voraussetzung ist, daß der Gleitzeitraum so gewählt wird, daß durch Saison- oder Konjunkturzyklen keine Verzerrungen entstehen und daß die Werte über die Zeit hinweg eine bestimmte Struktur aufweisen.

Ein weitverbreitetes Prognoseverfahren der *Glättungsberechnung* ist die exponentielle Glättung. Bei ihr wird unterstellt, daß eine unendliche Reihe von Vergangenheitswerten vorliegt, deren Daten sich mit zunehmendem Gegenwartsabstand immer geringer auf die Prognosegröße auswirken. Daher werden, im übrigen auch aus Praktikabilitätsgründen, die Vergangenheitswerte kontinuierlich um so stärker gewichtet, je näher sie an der Gegenwart liegen, ferne Daten werden also auf die Gegenwart „diskontiert". Von Bedeutung ist dabei die Wahl des über die Zeit hinweg konstanten Glättungsfaktors, also der relativen Gewichtung der Ursprungsdaten. Ein hoher Wert gewichtet die neueren Zeitreihenwerte gegenüber den älteren sehr stark, was bei Auftreten eines Strukturbruchs angemessen sein kann, ein kleiner Wert gewichtet die älteren Zeitreihenwerte gegenüber den neueren auf, was angebracht sein kann, wenn man aktuelle Werte für „Ausrutscher" hält. Bei einem hohen Wert passen sich die geglätteten Mittelwerte schneller einer Strukturveränderung an als bei einem kleinen Wert. Gute Erfahrungen werden mit Werten um 0,2 gemacht. Es ist allerdings unbefriedigend, daß der entscheidende Glättungsfaktor nicht objektiv bestimmt, sondern nur subjektiv justiert werden kann.

Für dieses Verfahren sprechen jedoch folgende *Vorteile*:

- Die exponentielle Glättung ist leicht verständlich und durchführbar, da sie sich nur der elementaren Rechenverfahren zur Bestimmung des Prognosewerts bedient. Dadurch ist sie auch gut auf PC´s zu bearbeiten.

- Die Prognose wird durch einen einzigen Parameter, der zudem dynamisch anpaßbar ist, bestimmt und ist damit willkürlichen Eingriffen entzogen.

- Die Verfahrensschritte sind leicht durchschaubar und plausibel, so daß die Prognoseergebnisse und ihre Begründung gut kommunizierbar sind.

Allgemeine *Nachteile* der kurzfristigen zeitreihenbezogenen Prognose liegen in folgenden Aspekten:

- Es wird ein gleichbleibender Strukturverlauf unterstellt (kein Trend).
- Außerdem werden ausschließlich Vergangenheitsdaten einbezogen, also keine kausalen Einflußfaktoren auf die Zeitreihe berücksichtigt, sondern nur die Zeit selbst. Dies ist aber problematisch, da andere Faktoren als die Zeit auf die Vergangenheitswerte eingewirkt haben und auch in Zukunft wirksam werden mögen.
- Die Minimierung der exponentiell gewogenen quadratischen Abweichungen ist zudem womöglich sinnlos, denn, wenn diese Schätzfehler auf reinen Zufallsschwankungen beruhen, dann werden sie auch für die Zukunft bestehen bleiben, brauchen also nicht minimiert zu werden, oder, wenn diese Schätzfehler systematisch verursacht sind, dann wäre es richtig, diese systematische Einflußgröße als unabhängige Variable einer funktionalen Abhängigkeit zu wählen, anstelle der Zeit, die dann offensichtlich keinen bestimmenden Einfluß hat.

Bei *Langfristigen Prognosen* wird die zeitliche Abfolge unterschiedlicher Prognosewerte berechnet. Dabei wird die allgemeine Richtung der Zeitreihe, d.h. ihr langfristig zugrundeliegender Trend ungeachtet kurzfristiger Schwankungen, prognostiziert. Die Zeit repräsentiert dabei die zusammengefaßten, nicht näher untersuchten Ursachenkomplexe der Vergangenheit.

Zu den *Trendberechnungen* gehören mehrere Verfahren. Bei der *linearen Trendextrapolation* wird eine lineare Konstante derart gewählt, daß die positiven wie negativen Abweichungen der Vergangenheitswerte von dieser Geraden, d.h. der graphischen Abstände aller Punkte, die sich oberhalb und unterhalb der Trendgeraden befinden, erstens insgesamt gleich groß sind und zweitens die Sum-

zufällige Umstände, um einen Scheinzusammenhang, um verdeckte oder gegenseitig beeinflussende Zusammenhänge handeln.

Bei der *Wirkungsprognose* wird im Gegensatz zu den bisher dargestellten Verfahren die Prognosegröße in ihrer Entwicklung als von Auswahl und Intensität beeinflußbarer Marketing-Aktionsparameter abhängig angesehen. Wirkbedingte Verfahren zeigen den Verlauf quantitativer und qualitativer Zielvariablen in Abhängigkeit von den jeweils veränderten Aktionsparametern bzw. Aktivitätsniveaus der Marketingmaßnahmen. Daraus leiten sich konkrete Anhaltspunkte für ein optimales Marketing-Mix ab.

Die *Vorgehensweise* ist wie folgt:

- Aufstellung verschiedener Ausprägungen der Marketinginstrumente im Rahmen geplanter unterschiedlicher Maßnahmen;
- Wahl eines Funktionstyps, der die Beziehungen zwischen den Marketinginstrumenten und deren Wirkung auf die zu prognostizierende Größe (= Marktreaktion) mathematisch beschreibt;
- Schätzung der Parameterwerte der Funktion durch statistische Verfahren oder Expertenurteil;
- Errechnung der Prognosegröße auf Grundlage der geplanten Marketingmaßnahmen.

Einfache Modelle beschränken sich dabei auf die Untersuchung des Einflusses eines Marketinginstruments (= monoinstrumental), komplexe Modelle versuchen eine schrittweise Annäherung der zugrundegelegten Reaktionsannahmen an die Realität durch Einbeziehung mehrerer Marketinginstrumente (= polyinstrumental). Denkbar sind:

- *linear-additive Modelle* ohne Wirkverbund der Parameter, weshalb sie sich eher als unrealistisch erweisen;

- *multiplikative Modelle* mit linearem oder nicht-linearem Wirkverbund, wobei jedes Instrument aktiviert sein muß, da sonst das ganze Produkt gleich 0 ist;
- *gemischt-verknüpfte Modelle* mit partiellem linear-additivem oder multiplikativem Wirkverbund, wobei die Identifikation dieser Zusammenhänge schwierig ist.

Dynamische Modelle berücksichtigen außerdem zeitliche Wirkverzögerungen des Instrumenteinsatzes oder dessen Nachwirkung auf zukünftige Perioden.

2.3 Die Grenzen der Prognose

Der Einsatz aller quantitativen Prognoseverfahren ist mit Gefahren verbunden. Die Ergebnisse können eine Genauigkeit vortäuschen, die tatsächlich in keiner Weise gegeben ist. Fundamentales Unwissen über Zusammenhänge und Abhängigkeiten kann auch durch aufwendige Verfahren nicht ausgeglichen werden, sondern steigert nur die Präzision des Irrtums. Zumal eine rasch und fallweise sich verändernde Umwelt für immer neue Ausgangsbedingungen sorgt. Allgemeine *Anforderungen* an jede Prognose sind:

- ihr Informationsgehalt, der im wesentlichen durch die Aktualität bestimmt wird;
- ihre Treffsicherheit, die von der Qualität der Ausgangsdaten und ihrem Umfang sowie der Wahl der Modellform wesentlich abhängt;
- ihre Flexibilität und Stabilität bei Datenänderungen;
- ihre Zuverlässigkeit, die stark vom Informationsgrad abhängt;
- ihre Spezialisierung zur Aussagefähigkeit;

- ihre Präzision als Maß für das Eintreten prognostizierter Ergebnisse;
- ihre Kosten als Maß der Wirtschaftlichkeit.

Prognosefehler betreffen im einzelnen folgende Aspekte:

- Datenfehler, die durch mangelhafte Zahlenreihen entstehen, die unzutreffend abgegrenzt sind, doppelt gezählt werden, falsch angegeben werden, veraltet sind etc.;
- Modellfehler, die durch falsche Methodenwahl entstehen, z.B. Denkfehler, Konstruktionsmängel;
- Annahmefehler, die durch falsche Prämissen und Hypothesen über Einflußfaktoren entstehen.

Es ist sinnvoll, das Entstehen und das Ausmaß von Prognosefehlern im nachhinein zu kontrollieren, um aus diesen Fehlern für zukünftige Prognosen zu lernen (= Abweichungsanalyse). Die Güte von Aussagen kann auch dadurch erhöht werden, daß verschiedene, unabhängige Prognoseverfahren parallel eingesetzt werden.

Prognoseeffekte liegen in der Selbstbestätigung (Self fulfilling prophecy), wenn z.B. Absatzerhöhungen prognostiziert werden und deshalb im Vorgriff die Marketingaktivitäten verstärkt werden, was dann zum vorhergesagten Ergebnis führt, oder in der Selbstaufhebung der Vorhersage (Self destroying prophecy), wenn z.B. Absatzrückgänge prognostiziert werden und daher die Marketingaktivitäten im Vorgriff intensiviert werden, um diese Absatzrückgänge zu verhindern, weshalb die Vorhersage dann nicht mehr genau zutrifft.

Literaturverzeichnis

Behrens, Karl Christian (Hrsg.):
Handbuch der Marktforschung, Wiesbaden 1974.

Berndt, Ralph:
Marketing, Band 1, 2. Auflage, Berlin u.a. 1992.

Berekoven, Ludwig/Eckert, Werner/Ellenrieder, Peter:
Marktforschung, 6. Auflage, Wiesbaden 1994.

Böhler, Heymo:
Marktforschung, 2. Auflage, Stuttgart u.a. 1991.

Hammann, Peter/Erichson, Bernd:
Marktforschung, 2. Auflage, Stuttgart-New York 1990.

Hansmann, Karl Wilhelm:
Kurzlehrbuch Prognoseverfahren, Wiesbaden 1983.

Hüttner, Manfred:
Markt- und Absatzprognosen, Stuttgart 1982.

Hüttner, Manfred:
Grundzüge der Marktforschung, 4. Auflage, Berlin-New York 1989.

Kroeber-Riel, Werner:
Konsumentenverhalten, 4. Auflage, München 1990.

Meffert, Heribert:
Marketing, 7. Auflage, Wiesbaden 1989.

Meffert, Heribert:
Marketingforschung und Käuferverhalten, 2. Auflage, Wiesbaden 1992.

Meffert, Heribert/Steffenhagen, Hartwig:
Marketing-Prognosemodelle, Stuttgart 1977.

Nieschlag, Robert/Dichtl, Erwin/Hörschgen, Hans:
Marketing, 16. Auflage, Berlin 1991.

Pepels, Werner:
Marketing, Baden-Baden 1994.

Rehorn, Jörg:
Markttests, Neuwied 1977.

Rogge, Hans-Jürgen:
Marktforschung, München-Wien 1981.

Schäfer, Erich/Knoblich, Hans:
Grundlagen der Marktforschung, 5. Auflage, Stuttgart 1978.

Steffenhagen, Hartwig:
Marketing, 2. Auflage, Stuttgart 1991.

Tietz, Bruno:
Marketing, 2. Auflage, Düsseldorf 1989.

Unger, Fritz:
Marktforschung, Heidelberg 1988.

Weis, Hans Christian/Steinmetz, Peter:
Marktforschung, Ludwigshafen 1991.

Stichwortverzeichnis

T

U

V

W

Z

Reihe Praxis der Unternehmensführung

G. Bähr/W. F. Fischer-Winkelmann/R. Fraling u.a.
Buchführung – Leitlinien und Organisation
144 S., ISBN 3-409-13968-0

J. Bussiek
Buchführung – Technik und Praxis
100 S., ISBN 3-409-13978-8

J. Bussiek/R. Fraling/K. Hesse
Unternehmensanalyse mit Kennzahlen
92 S., ISBN 3-409-13984-2

H. Dallmer/H. Kuhnle/J. Witt
Einführung in das Marketing
142 S., ISBN 3-409-13972-9

H. Diederich
Grundlagen wirtschaftlichen Handelns
92 S., ISBN 3-409-13548-0

O. D. Dobbeck
Wettbewerb und Recht
108 S., ISBN 3-409-13966-4

U. Dornieden/F.-W. May/H. Probst
Unternehmensfinanzierung
140 S., ISBN 3-409-13985-0

U.-P. Egger
Kreditmanagement im Unternehmen
80 S., ISBN 3-409-13993-1

U.-P. Egger/P. Gronemeier
Existenzgründung
100 S., ISBN 3-409-18306-X

W. Eichner/S. Braun/K. König
Lagerwirtschaft, Transport und Entsorgung
ca. 100 S., ISBN 3-409-13517-0

D. Glüder
Förderprogramme öffentlicher Banken
120 S., ISBN 3-409-13987-7

W. Hilke
Bilanzieren nach Handels- und Steuerrecht
Teil 1: 134 S.,
ISBN 3-409-13980-X
Teil 2: 160 S.,
ISBN 3-409-13981-8

D. Hofmann
Planung und Durchführung von Investitionen
110 S., ISBN 3-409-13994-X

H. Hub
Aufbauorganisation Ablauforganisation
98 S., ISBN 3-409-18311-6

L. Irgel/H.-J. Klein/M. Kröner
Handelsrecht und Gesellschaftsformen
122 S., ISBN 3-409-13965-6

G. Jeuschede
Grundlagen der Führung
74 S., ISBN 3-409-18312-4

T. Kaiser
Personalwirtschaft
84 S., ISBN 3-409-13996-6

S. Klamroth/R. Walter
Vertragsrecht
106 S., ISBN 3-409-13967-2

S. Kosbab u.a.
Wirtschaftsrechnen in Unternehmen und Banken
ca. 280 S. (Doppelband),
ISBN 3-409-13553-7

A. Kretschmar
Angewandte Soziologie im Unternehmen
88 S., ISBN 3-409-18310-8

V. Kunst
Angewandte Psychologie im Unternehmen
80 S., ISBN 3-409-18309-4

M. Lensing
Materialwirtschaft und Einkauf
ca. 100 S., ISBN 3-409-13529-4

J. Löffelholz
Grundlagen der Produktionswirtschaft
84 S., ISBN 3-409-13990-7

J. Löffelholz
Kontrollieren und Steuern mit Plankostenrechnung
72 S., ISBN 3-409-13991-5

J. Löffelholz
Lohn und Arbeitsentgelt
80 S., ISBN 3-409-13818-8

J. Löffelholz
Unternehmensformen und Unternehmenszusammenschlüsse
68 S., ISBN 3-409-13989-3

H. Lohmeyer/L. Th. Jasper/
G. Kostka
Die Steuerpflicht des Unternehmens
138 S., ISBN 3-409-13986-9

W. Pepels
Handelsmarketing
ca. 100 S., ISBN 3-409-13515-4

W. Pepels
Marketingforschung und Absatzprognose
124 S., ISBN 3-409-13514-6

W. Pepels
Werbung und Absatzförderung
216 S., ISBN 3-409-18313-2

D. Scharf
Grundzüge des betrieblichen Rechnungswesens
110 S., ISBN 3-409-13988-5

D. Scharf
Handelsrechtlicher Jahresabschluß
124 S., ISBN 3-409-13914-1

T. Scherer
Markt und Preis
104 S., ISBN 3-409-18308-6

W. Teß
Bewertung von Wirtschaftsgütern
ca. 96 S., ISBN 3-409-13889-7

H. D. Torspecken/H. Lang
Kostenrechnung und Kalkulation
152 S., ISBN 3-409-13969-9

H. J. Uhle
Unternehmensformen und ihre Besteuerung
110 S., ISBN 3-409-13979-6

P. W. Weber/K. Liessmann/
E. Mayer
Unternehmenserfolg durch Controlling
160 S., ISBN 3-409-13992-3

J. Witt
Absatzmanagement
132 S., ISBN 3-409-13895-1

REIHE

Professionelles Praxis-Know-how im Überblick

H. Bürkle u. a.
Stellensuche und Karrierestrategie
Wie Sie Ihre Laufbahn selbst bestimmen
ISBN 3-409-13982-6

U.-P. Egger / P. Gronemeier
Sprung in die Selbständigkeit
Wie Sie Ihr Unternehmen auf Erfolgskurs bringen
ISBN 3-409-18305-1

G. Färber
Das Familienunternehmen
Wie Sie mit Ihren Verträgen höchste Steuerersparnis sichern
ISBN 3-409-18304-3

W. Homolka / I. Kauper / A. Küspert
Das Wertpapiergeschäft
Was Sie von Aktien, Renten, Optionen und Investmentfonds wissen müssen
ISBN 3-409-13532-4

F. Pleschak u. a.
Innovationsorientierte kleine Unternehmen
Wie Sie mit neuen Produkten neue Märkte erschließen
ISBN 3-409-13547-2

K. Rischar
Arbeitsrecht
Worauf Arbeitgeber und Arbeitnehmer achten müssen
ISBN 3-409-13533-2

M. Steinert
Das Recht im internationalen Wirtschaftsverkehr
Wie Sie Vertragsfehler vermeiden
ISBN 3-409-13541-3

In Vorbereitung:

U.-P. Egger
Unternehmensfinanzierung
Wie Sie Ihre Liquidität optimal sichern
ISBN 3-409-18314-0

G. Richter
Kommunikation im Unternehmen
Wie Sie durch partnerorientierte Führung mehr erreichen
ISBN 3-409-13549-9

P. W. Weber
Controlling-Management
Wie Sie die Spielregeln flexibler Unternehmenssteuerung erfolgreich anwenden
ISBN 3-409-13545-6